Mario Betti

Das Rosenkreuz

Mario Betti

Das Rosenkreuz

Von der Einwohnung des Christus
im Menschen

Verlag Freies Geistesleben

1. Auflage 2018

Verlag Freies Geistesleben
Landhausstraße 82, 70190 Stuttgart
www.geistesleben.com

ISBN 978-3-7725-2848-4

Druck: Druckhaus Nomos, Sinzheim
Printed in Germany

Inhalt

Alles ist Samenkorn 11

Jesus auf dem Weg zum Jordan –
Die Vollendung des Menschentums 19

Von der Jordantaufe zur Apokalypse –
Jesus-Werdung des Logos, Logos-Werdung des Jesus 36

Das Rosenkreuz – Die Einwohnung Christi im Menschen 60

Die Stufen des Sündenfalls und seine Erlösung
durch die christlichen Jahresfeste 89

Ein Weg zur Neuordnung karmischer Beziehungen
im Geiste des Rosenkreuzes 132

Die Bewusstseinsseele im Doppelantlitz des Karmas –
Gemeinschaftsbildung im michaelischen Zeitalter 147

Anmerkungen und Hinweise 169

Bildnachweis 175

Meiner lieben Frau Ulrike
in Dankbarkeit gewidmet

«... Gott hat sich nach den bekannten imaginierten sechs Schöpfungstagen keineswegs zur Ruhe begeben, vielmehr ist er noch fortwährend wirksam wie am ersten. Diese plumpe Welt aus einfachen Elementen zusammenzusetzen und sie jahraus jahrein in den Strahlen der Sonne rollen zu lassen, hätte ihm sicher wenig Spaß gemacht, wenn er nicht den Plan gehabt hätte, sich auf dieser materiellen Grundlage eine Pflanzschule für eine Welt von Geistern zu gründen. So ist er nun fortwährend in höheren Naturen wirksam, um die geringeren heranzuziehen.»

Letztes Gespräch von Goethe mit Eckermann
am 11. März 1832

Alles ist Samenkorn

Friedrich von Hardenberg, der sich 1798 bei der Veröffentlichung seiner Fragmentaufzeichnungen «Blütenstaub» Novalis, der Neuland Rodende, nannte, schrieb später unter anderem den Satz: «Alles ist Samenkorn.»

Damit unterstrich er schlichtweg eine Grundtatsache alles Werdens auf Erden und im Kosmos.

Novalis blieb unter seinen Zeitgenossen nicht allein, denn vor allem Goethe, nach seiner epochalen Entdeckung der «Urpflanze» und nach der Darstellung der Metamorphosenlehre, gehörte auch zu den Neuland Bestellenden der damaligen Zeit. Rudolf Steiner wird im Laufe seiner Arbeit an Goethes naturwissenschaftlichen Werken den unentwegt forschenden Dichter den Kopernikus und Kepler der organischen Welt nennen. Er wird auch nicht müde zu betonen, wie bedeutend das bestellte Feld des Goetheanismus zur Entfaltung der anthroposophisch orientierten Geisteswissenschaft gewesen ist.

Was ist nun mit «Alles ist Samenkorn» gemeint?

Blütenstaub, Samenkorn, Urpflanze offenbaren uns eine Welt des schaffenden, fruchtenden und sich unendlich fortpflanzenden Lebens, das von der kalten und erstarrten Winterdecke der Naturwissenschaft des 19. Jahrhunderts gründlich zugedeckt wurde. Das Zeitalter des absoluten Materialismus, der mit seinem Herrschaftsanspruch dem Sommer und Herbst der deutschen Klassik und Romantik folgte, erhob – und im Prinzip erhebt es heute noch – den Anspruch, alle Phänomene der Welt nach mathematischen oder auch materiellen Vorgängen zu erklären, wenn auch äußerst sublimiert in atomistischen Konstruktionen und in energiegeladenen Elementarteilchen.

Auch diese Anschauungen oder Theorien sind selbstverständlich Ansätze zum Verständnis dessen, was die Welt «im Innersten zusammenhält».[1] Es werden dabei jedoch Kernprozesse des organischen, aber auch des geistigen Lebens ausgeblendet, die *als solche* dem Auge unsichtbar und dem Rechner unfassbar sind. Denn sie erfordern eine erhöhte Erkenntnis-Art, sollen sie sachgemäß erfasst werden.

Es ist aber letzten Endes die Suche nach den Quellen des Lebens, die einen Großteil der heutigen Forschung ausmacht. Ewige Jugend, Unsterblichkeit, fit sein bis ins höchste Alter – das sind nur einige Aspekte dieser Suche. Eine Suche, die bezeichnenderweise bereits der verzweifelte Faust im Anfangsmonolog der gleichnamigen Tragödie so formuliert:

> Dass ich erkenne, was die Welt
> Im Innersten zusammenhält.
> Schau alle Wirkenskraft und Samen
> Und tu nicht mehr in Worten kramen
> …
> Wo fass ich dich, unendliche Natur?
> Euch Brüste, wo? Ihr Quellen alles Lebens,
> An denen Himmel und Erde hängt,
> Dahin die welke Brust sich drängt –
> Ihr quellt, ihr tränkt, und schmacht ich so vergebens?

Ich meine, dass jeder Mensch heute in irgendeiner Form nach diesem Leben sucht, selbst wenn diese Suche oft groteske Formen annimmt.

Tiefer gesehen erblicke ich darin das Streben nach dem in allem Lebendigen sich offenbarenden kosmischen Christus, wenn auch bis zur Unkenntlichkeit materialistisch verformt. Denn seine Lebensquellen sind zunächst geistig-seelischer Art, bevor sie sich in eine Verjüngung unserer gesamten Verfassung hinein metamorphosieren.

In der Apokalypse des Johannes, gleich im ersten Kapitel, lesen wir, dass derjenige, dessen Antlitz «wie die Sonne in ihrer ganzen Kraft» leuchtet, ihm sagt: «Ich bin ... der Lebendige. Ich war tot, dennoch trage ich das Leben der Welt durch alle Äonen.» Nach dieser gewaltigen Schau, worauf ich in einem späteren Kapitel zurückkommen werde, entfaltet sich das ganze Drama der Apokalypse bis zur letzten Vision eines neuen Himmels und einer neuen Erde. Denn Apokalypse bedeutet «Offenbarung».

Wir bezeichnen oft auch die Zeit, in der wir leben, als apokalyptisch; dabei beachten wir nicht, dass das Wesentliche der Jahrzehnte, die wir durchleben, gerade darin besteht, dass sich der Christus im Bereich alles Lebendigen neu zeigt, bereit, in jedem von uns, der es will, Wohnung zu nehmen. *Seinsmäßig,* wie der große Theologe Emil Bock oft ausgeführt hat, lebt er bereits seit der Zeitenwende in der Menschheit. Aber *bewusstseinsmäßig* ist Christus noch der große Unbekannte.

Es ist zuerst Rudolf Steiner gewesen, der auf diesen Zusammenhang eindringlich hingewiesen hat. Die Anthroposophie ist heute in vielen Ländern vor allem dadurch bekannt, dass es kaum ein Praxisfeld gibt, in welchem sie sich nicht als fruchtbar erweisen würde: Naturwissenschaft, Kunst, soziales Leben und Religion sind in einer Weise unter anderem in Pädagogik, Medizin, Landwirtschaft und Bankwesen so miteinander verbunden, dass man nur staunen kann, wie so etwas in unserer materialistisch gesinnten Zivilisation überhaupt möglich wurde.

Durch die Initiative von jungen Theologen und Theologie-Studenten konnte sogar, mit der Hilfe von Rudolf Steiner, die «Christengemeinschaft» gegründet werden, eine Bewegung für die Erneuerung des sakramentalen Stroms des Christentums. Das Herzstück all dieser vielfältigen Bestrebungen ist das, was Steiner als Erscheinung Christi in der ätherischen Welt, in der Welt kosmisch-irdischer Lebenskräfte und in der Seele des Menschen genannt hat.

Zum Beispiel am 25. Januar 1910 in Karlsruhe: «So erfassen wir Geisteswissenschaft in einem ganz anderen Sinn. Wir lernen, dass sie etwas ist, was uns eine ungeheure Verantwortung auferlegt, denn sie ist eine Vorbereitung auf das ganz konkrete Geschehen des Wiedererscheinens des Christus. Der Christus wird wieder erscheinen deshalb, weil die Menschen sich zu ihm hinaufheben werden im Ätherischen.

Wenn wir das erfassen, dann erscheint uns Geisteswissenschaft als die Vorbereitung der Menschen auf die Wiederkunft des Christus, damit das Unglück nicht eintritt, dass sie dieses große Ereignis übersehen, sondern reif werden, den großen Moment zu erfassen, den man als das Wiederkommen des Christus bezeichnen kann.» ... «Das ist das größte Geheimnis unseres Zeitalters: das Geheimnis von dem Wiederkommen des Christus.»[2] Steiner wird oft diese Erfahrung im Zusammenhang mit dem Erlebnis des Paulus vor Damaskus bringen, das damals eine Art «Frühgeburt» war.

Das hohe spirituelle Sonnenwesen Christus ist seit der Zeitenwende mit der Erde – mit all ihren Reichen – wesensmäßig verbunden. Eine ursprüngliche Glaubenskraft konnte ihn *erleben.* Dazu kam, im Zuge des Mittelalters bis zum Anbruch der Neuzeit hin, die Fähigkeit, mit Glauben und Denken vereinigt, die Mysterien Christi zu *verstehen.*

Heute, im Zeitalter der Bewusstseinsseele, wie Steiner unsere Kulturepoche nennt, besteht die Möglichkeit, den Christus als innere und höhere Instanz des eigenen «Ich» zu *gewärtigen.* Es ist zugleich die Erschaffung eines neuen Menschen im Menschen aus der vereinten Kraft der Kreatur mit dem schöpferischen Wort vom Urbeginn.

Dieses Buch möchte eine Anregung sein, das Mysterium Christi in der Gegenwart anders zu denken, beziehungsweise das Augenmerk auf Prozesse der konkreten Umwandlung unserer Natur in eine höhere, durchchristete, zu lenken. Und zwar durch ein erhöhtes Bewusstsein.

Daher wird zunächst auf das Leben Jesu hingeblickt, so wie Steiner es besonders in den Vorträgen über das «Fünfte Evangelium» dargestellt hat.[3]

Das wird mehr in erzählerischer Form geschehen, wofür ich selbstverständlich die Verantwortung trage. Im Wesentlichen gilt das auch für alle späteren Kapitel, die Grundkenntnisse der anthroposophischen Geisteswissenschaft im Hintergrund haben und beim Lesen auch voraussetzen. Manches wird durch eigene Erfahrungen ergänzt. Es geht mir darum, nach und nach in die Dynamik der gegenwärtigen Christus-Wirksamkeit einzudringen, so wie sie auch aus den Gesetzen des Wachsens und Welkens in der organischen Natur erfasst werden kann. Eine Dynamik, wie sie Goethe anfänglich entwickelt und Steiner durch den von ihm vielfältig dargestellten Erkenntnisweg vertieft und erweitert hat.[4]

Nun entwickelt sich alles Lebendige, wozu selbstverständlich auch Seele und Geist von Tier und Menschen gehören, nach ganz bestimmten Rhythmen, nach einer universellen Biorhythmik als zeitlichem Rahmen vielschichtiger Metamorphosen. Ein Formenwandel, der sich am Beispiel der Pflanze als eine physische Manifestation einer übersinnlich-sinnlich wirkenden *Urpflanze* darlebt.

Folgende Analogie, lediglich das Kunstschaffen betreffend, ist im Kern stimmig: So wie der Künstler im plastischen Ton seine *Idee* verwirklicht – eine Schale, ein Kerzenleuchter –, sie gleichsam verleiblicht, so wirken die Kräfte einer schaffenden, kosmischen Idee – der Urpflanze – in den verschiedenen Entwicklungsstufen der jeweiligen Pflanzenbildung.

Im Geiste des Künstlers wirkt die Idee seines künftigen Werkes, und im Geiste des Logos lebt der ganze Ideenkosmos, wovon jeder Mensch im Prinzip – wissend oder unwissend – Anteil hat.

Nun, um einen sachgemäßen Zugang zur Welt des Lebendigen darzustellen, prägt Goethe die Begriffe *Polarität und Steigerung.* Ausdehnung und Zusammenziehung, Evolution und Involution sind demnach Polaritäten, die in ihrer dialektischen Verwobenheit immer wieder neue Stufen der Pflanzenbildung zeitigen. Er spricht auch von einer *Stirb-und-Werde*-Dynamik der Lebewesen. Frühling, Sommer, Herbst, Winter und erneut Frühling im rhythmischen Spiel von Leben und Tod gehören auch zu der Rhythmik alles Lebens, auch der Menschen.

Sie können auch zu klaren Begriffen werden, Leben, Sterben und Auferstehen des Christus wohl als ein Wunder, jedoch nicht als Durchbrechung der Naturgesetze zu verstehen. Auch das Wunder der Metamorphose der Raupe in einen Falter ist kein Mirakel. Gewiss war das bewusste Ziel von Goethes Forschung ein anderes. Aber seine Gedankenbildungen können einen Zugang zu dem öffnen, was Steiner «das größte Geheimnis unseres Zeitalters» nennt. Denn sie sind *substanziell* christlich. Gelingt es jetzt, durch wiederholte Bemühungen eine Pflanze in ihren Entwicklungsphasen mit einem solcherart intensivierten Bewusstsein zu begleiten, so kann man zu folgenden Erkenntnissen gelangen, die gleichsam einen Vorhof darstellen, den heute in Natur und Mensch wirkenden Christus in seiner Lebensdynamik zu erkennen:

«Die Pflanze steigert sich im Frühjahr von Trieb zu Trieb; in der Entfaltung von Blattwerk und Blüte scheint sie sich erschöpfen zu wollen. Dann aber, wenn die Reifezeit in der Natur eintritt, hebt deutlich ein anderes Gesetz in ihr zu wirken an. Die Säfte stocken, die Lebensvorgänge verinnerlichen sich gleichsam. Die Pflanze konzentriert alle Bildekräfte von nun an in der Samen- und Fruchtbildung. Sie verzichtet auf Selbstentfaltung zugunsten des Keims, der das Weiterleben der Gattung verbürgt und die Pflanzengestaltung ins Unscheinbare zurücknimmt, um sie gerade auf diesem Wege über den winterlichen Tod hinüberzuretten. Wir müssen anerkennen: Es gibt innerhalb der Naturordnung nicht nur Evolution – es gibt ebenso, und zwar als einen gleich wichtigen Lebensvorgang – *Involution,* Zurückbildung der Formen ins Unoffenbare. Das ist der Kunstgriff der Natur, das Leben immer wiederum dem Tode abzuringen. Fühlen wir uns während des steigenden Jahres zur Bewunderung vor der Kraftfülle, dem Formenreichtum drängenden Lebens aufgerufen, so lässt uns die Reifezeit das Opfergesetz in allem Werden verehren. Wir lernen begreifen, dass die Natur von einer allumspannenden Intelligenz, einer *moralischen Weisheit* durchwaltet ist.»[5]

Mit einer solchen Gesinnung und mit solchen Gedanken ausgerüstet, können wir in das eigentliche Thema dieser Arbeit einstiegen.

Bereits das Wort des Novalis: «Alles ist Samenkorn» erhält

jetzt einen tieferen Sinn, denn ein Samenkorn muss sterben, um neues Leben zu gebären.

Jesus auf dem Weg zum Jordan – Die Vollendung des Menschentums

Es gibt eine Darstellung des russischen Malers Alexander Iwanow (Farbtafel I), die uns das Ankommen des Jesus am Jordan nach langer Wanderung zeigt.[6] Noch ist seine Gestalt relativ fern.

Im Vordergrund sehen wir, am Ufer sitzend, stehend oder reitend, wie die beiden römischen Legionäre am rechten Rand des Bildes, eine Gruppe von Menschen, die gekommen sind, um die Taufe zu empfangen; alt, jung, entkleidet oder angezogen, sinnend oder erstaunt blickend. Es ist wie ein Zusammenkommen unterschiedlichster Menschenindividualitäten an dieser tiefsten Senke der Erde. Johannes überragt sie alle und weist mit machtvoller Gebärde auf die Gestalt hin, die sich wie herabsteigend naht, deren Hintergrund – flaches Land, zu Bergen aufsteigend, golden wirkender Nebel, Himmelsbläue – wie eine kosmische Aura erscheint.

Iwanow malte zwanzig Jahre lang an diesem besonderen Bild.[7]

Was mich von Anfang an bei dieser meisterlichen Komposition intensiv berührt hat, ist die unendliche Einsamkeit, welche die Schritte des Jesus zu begleiten scheint. Genau dieser Eindruck regte zu solchen Fragen an: Was lebte in Jesus an Gedanken, Impulsen während der langen Wanderung in Richtung der Wüste Juda?

Worin lag der Anlass, genau jetzt seinen Heimatort zu verlassen, um Johannes aufzusuchen, dessen mächtiger Weckruf seit einiger Zeit die Gemüter aufrüttelte und dessen Botschaft selbst einen Herodes in ihren Bann schlug?

Rudolf Steiner hat durch seine Geistesforschung, besonders in den bereits genannten Vorträgen zum «Fünften Evangelium», die er 1913 bis 1914 in verschiedenen Städten hielt, viele Aufschlüsse zu den eben gestellten Fragen gegeben. Denn die Evangelien schildern bekanntlich nur die Tatsache, dass an Jesus die Taufe im Fluss vollzogen wurde, und nicht, was sich an Ereignissen und Erlebnissen unmittelbar davor abgespielt hatte. Aber die vier Evangelien schweigen auch über die Jahre, die zwischen dem Besuch des zwölfjährigen Jesus im Tempel liegen und der Begegnung mit Johannes, als Jesus dreißig Jahre alt geworden war.

Ganze achtzehn Jahre fehlen zur biografischen Erfassung dieses einmaligen Lebens. Es sind aber Jahre der langsamen, schmerzlichen Reifung, die in Jesus *die* Vollendung erreichte, in jener Sonnenstunde den Christus zu empfangen, gleichsam den Gottessohn zur Geburt zu bringen und mit ihm das eigene göttliche Erbe, das im Welten-Ich wurzelt.

Dieses Geschehen ist seitdem das Urbild aller echten Einweihung in die Christus-Mysterien für alle Zeiten der Erdenentwicklung, ja aller wahrhaftigen Einweihungen in die geistigen Welten, die sich in immer höheren Stufen der Auferstehung steigern: zuerst im Ich, dann in Seele und Leib.

Stufe um Stufe, gemäß der Signatur der jeweiligen Kulturepoche, wird sich der Mensch der Einwohnung Christi in seiner Seele bewusst. Von Wesensglied zu Wesensglied wird sich der göttliche Same in der vollen Menschennatur entfalten. Es ist geistesgeschichtlich bedeutsam, dass wir in der Stoa, jener durch Jahrhunderte vor und nach der Zeitenwende hohen philosophischen Strömung, den Begriff des *Logos spermatikos* vorfinden. Diese Idee des «Logos als Same wirksam», wie es genau übersetzt lautet, hat in der Entwicklung des frühen Christentums eine überragende Rolle gespielt, wie überhaupt die ganze Richtung der Stoa.[8]

Später, in den Jahrhunderten intellektueller Kulturentwicklung, blieb im Wesentlichen die Rolle des Logos als schöpferische Weltvernunft erhalten sowie, pauschal zusammengefasst, seine Beziehung zur Logik, zum Denken. Die konkret Leben erzeugende, seelenschöpferische Qualität des Logos als *Same* verkümmerte aber zu einer bloßen Metapher.

Als todüberwindendes Lichtfeuer – das zu erfahren, blieb im Laufe der Geschichte den wahren esoterischen Christen vorbehalten, ob kirchlich eingebunden oder nicht. Es waren vor allem der echte Gralsweg und die wahren Rosenkreuzer, die den Mysterienvorgang der Christus-Einweihung kannten, jenen Weg von der Jordantaufe bis Ostern und darüber hinaus. Ein Weg, der wohl damit verwandt ist, jedoch nicht deckungsgleich mit dem während des ganzen Mittelalters und darüber hinaus von unzähligen Seelen praktizierten Nachvollziehen der Passionsstufen Christi.[9] Es ist ein Weg, der den Logos spermatikos als göttlichen Samen, so wie er seitdem in jeder Menschenseele veranlagt ist, zur Reifung bringt. In der Jordan-Einweihung des Jesus von Nazareth, in der stufenweisen Einwohnung des Sonnenlogos, des «Lichtes der Welt» in den Menschen Jesus, vollendete sich auch das wahre Mysterienwesen aller Zeiten und Kulturen.

Fortan lebte ein Mensch unter Menschen, der nach und nach vom Christus geistig, seelisch und körperlich durchgöttlicht wurde.

Andererseits lebte im Menschen Jesus ein Wille, der es ihm ermöglichte, nach und nach sich zum Göttlichen empor zu metamorphosieren. Jesus wurde die Blüte des vollen, gottgedachten Menschentums.

Dieser Wendepunkt der gesamten Erdenentwicklung hatte sich bereits in der Kindheit angebahnt, erreichte eine erste Stufe am Jordan und setzte sich über Ostern und Himmelfahrt hinaus fort bis zur Geburt eines neuen Himmels und einer neuen Erde, wie uns Johannes in der Apokalypse berichtet. Somit wird der irdisch-kosmische Lebenslauf des Jesus-Christus gleichsam zum goetheschen «Urphänomen» der biografischen Entwicklung aller Menschen im Laufe aller Inkarnationen. In unserer Gegenwart kommt es vor allem darauf an, die Bewusstseinsseele mit dem Pflug freier, spiritueller Erkenntnis und Lebensweise für den Christus zu öffnen.

Um die angedeuteten Vorgänge im Rahmen individueller geistiger Entwicklung in den nächsten Kapiteln genauer zu schildern, ist jetzt eine gewisse Grundierung nötig. Daher werde ich jetzt versuchen, gleichsam im Vogelflug den Weg des Jesus bis zu der hier gemeinten Vollendung zu skizzieren. Ich folge im Wesentlichen Darstellungen Rudolf Steiners, etwas ergänzt durch eigene Bilder.

Der langen, einsamen Wanderung zu Johannes war ein langes, zeitenumspannendes Gespräch mit der Stiefmutter vorausgegangen.

Durch eine wunderbare und einmalige Schicksalskomposition bewirkt, lebten in jener Zeit zwei Familien in Palästina, die ihren Neugeborenen Jesus nannten. Die Evangelisten Matthäus und Lukas schildern in der Tat die Geburt von zwei Kindern, deren Stammbäume auf zum Teil sehr unterschiedliche Erbströmungen hinweisen und die in einem gewissen zeitlichen Abstand voneinander geboren wurden. Der Jesus des Matthäus ist königlicher Abstammung, Salomo ist sein Ahnherr, während Nathan, ein Bruder des Salomo, die priesterliche Linie des Hauses David vertritt. Nathan wird von Lukas als Vorfahre des Jesus genannt. Diese beiden Kinder waren von unterschiedlichster Natur. Die drei Weisen aus dem Morgenlande, Könige mit großem Gefolge, verehrten in dem Kind aus Bethlehem die Wiedergeburt des Zarathustra, dessen goldener Seelenstern ihnen in den Reichen des Ostens erschienen war. Erdenwissen und Himmelsweisheit waren in dieser hohen Eingeweihtengestalt, die einstmals die urpersische Kulturepoche geistig impulsiert hatte, in schönster Weise vereinigt.

Ganz anders war das lukanische Kind geartet. In ihm war zum ersten Mal der in der geistigen Welt gebliebene Teil der Ur-Seele der Menschheit inkarniert: das reine Bild der Gottheit, dessen kosmische Geschwister nach und nach die Sonnenhöhen geistig-hierarchischer Welten verließen, um sich in die immer dichter werdenden Erdensubstanzen zu verkörpern. Die Zarathustra-Seele hatte sich bereits von Urzeiten her auf den Weg zur Erde begeben und sich durch viele Inkarnationen für ihre hohe Bestimmung vorbereitet. Die reine Himmelsseele des Jesus von Nazareth hatte die Folgen des Sündenfalls an sich noch nicht erlebt, und infolgedessen hatte sie noch nie einen Tod als Mensch erlebt. Es lebten in ihm reines Licht, Leben und Liebe als «Erbe» der Gottheit. Aber in ihm klang auch die kosmische Sphären-Musik nach, die dem Logos innewohnt. Da sie noch nie in einem irdischen Leib Wohnung genommen hatte, konnte sie die Qualität eines durch Leben und Tod gereiften Erden-Ich noch nicht entwickelt haben.

Wir haben hier eine bedeutsame Polarität: Der salomonische Knabe mit seinem im besten Sinne des Wortes frühreifen Blick und seiner schnellen Auffassungsgabe für alles Wissen, was man auf Erden durch Natur und Menschen lernen kann, wirkte bereits wie eine gereifte Persönlichkeit. Ein Ich-Mittelpunkt, so könnte man sagen, strahlte von Jahr zu Jahr intensiver aus Augen, die alles zu durchdringen schienen. Seine Umgebung wird gewiss große Hoffnungen in ihn gesetzt haben. Befand sich doch damals Palästina im Würgegriff des Römertums und einer entarteten Priesterschaft. Die Stimmen der Propheten waren verhallt. Der letzte große Verkünder, Johannes der Täufer, war zum Rufer in der Wüste geworden.

Indessen wuchs der nathanische Jesusknabe mit seinem unendlich blauen Himmelsblick wie abseits aller Erdenkultur, für die er keine Neigung empfand. Blickte man in die Augen des wiedererschienenen Zarathustra, sah man die Glut erlittener Gottesweisheit und Menschenliebe. Schaute man in des anderen Knaben Augen, so entdeckte man darin den offenen Himmel. Und so himmelsoffen, voll Licht und Wärme, begegnete er auch Pflanze, Tier und Mensch.

Nicht Erdenklugheit war ihm also angeboren, sondern eine unsagbare Empathie, wie man heute sagen würde. Geometrisch-meditativ gesprochen waren beide wie *Punkt und Umkreis.*

Das bethlehemitische Elternpaar, in dessen Haus die Könige den Neugeborenen angebetet hatten, war älter als das Elternpaar aus Nazareth, dessen Kind in einer Krippe zur Welt gekommen war. Und es stand auch anders in den sozialen Verhältnissen seiner Zeit als die Familie des Zimmermanns Joseph.

Bezeichnenderweise brachten die Weisen aus dem Morgenland dem Kind besondere Gaben ihrer Reiche dar: Gold, zugleich ein Symbol der Weisheit, Weihrauch als Ausdruck der Andachtskräfte der Seele, und Myrrhe. Die Myrrhe, ebenfalls ein Harz, wurde als pflegende Substanz für den Körper verwendet, aber auch bei Bestattungen. Im Johannes-Evangelium lesen wir, wie Nikodemus bei der Grablegung Jesu eine Mischung aus Myrrhe und Aloe mitgebracht hatte. In dieser Gabe sehe ich einen prophetischen Hinweis auf die Opfergesinnung der Seele, sodass die ganze Seele in ihrer dreifachen Artung berücksichtigt wurde: Weisheit im Denken, Andacht im Fühlen und Opferwilligkeit im Wollen: Gaben zur Meisterung des Erdenlebens.

Ganz anders bei Lukas, der uns stimmigerweise die himmlischen Engelchöre zeigt, deren Licht sich bis in die Krippe des Neugeborenen fortsetzt und in die Worte der gottbegeisterten Hirten.

Also: Durchlichtete Erden-Ich-Prägung bei Matthäus und himmelssphärenbegleitete Erstgeburt bei Lukas. Königsworte für das eine Kind, Engelgesang für den kosmischen Bruder. Diese Urpolarität metamorphosierte sich in eine erste Steigerung im Tempel von Jerusalem und erfuhr eine weltumfassende Oktave am Jordan und in den Geschehnissen danach.

Es ist allein Lukas, in dem Kapitel über den zwölfjährigen Jesus im Tempel, der von dieser ersten Metamorphose erzählt. Ich möchte diese Stelle im Wortlaut zitieren:

«Jedes Jahr zogen seine Eltern zum Osterfeste nach Jerusalem. Und als er zwölf Jahre alt geworden war, nahmen sie ihn mit. Nachdem sie nun hinaufgezogen waren und der Sitte des Festes während der Ostertage Genüge getan hatten, machten sie sich auf den Heimweg; aber Jesus der Knabe blieb in Jerusalem zurück. Seine Eltern wussten es nicht; sie meinten, er sei bei den Reisegefährten. Nach einer Tagereise vermissten sie ihn und suchten ihn unter den Freunden und Verwandten. Da sie ihn nicht fanden, kehrten sie nach Jerusalem zurück, um dort nach ihm zu suchen. Und nach drei Tagen fanden sie ihn im Tempel. Er saß mitten unter den Lehrern und hörte ihnen zu und richtete Fragen an sie. Und alle, die ihn hörten, wussten nicht, was sie denken sollten über den reifen Verstand, mit dem er seine Antworten gab. Und als sie ihn sahen, erschraken sie, und seine Mutter sprach zu ihm: Mein Kind, warum hast du uns das angetan? Siehe, dein Vater und ich haben dich unter Schmerzen gesucht. Und er sprach zu ihnen: Warum habt ihr mich gesucht? Wisst ihr denn nicht, dass ich in meines Vaters Hause sein muss? Und sie verstanden nicht, was er zu ihnen sprach. Und er zog mit ihnen hinab und kam wieder nach Nazareth und folgte ihnen willig in allen Dingen. Und seine Mutter hielt alle Worte in ihrem Herzen lebendig. Und Jesus schritt voran in der Weisheit, in der Lebensreife und in der göttlich-menschlichen Anmut seines ganzen Wesens.»[10]

Der Schreck, den die Eltern beim Anblick ihres unter den Lehrern mit «reifem Verstand» gleichsam disputierenden Sohnes bekamen, dürfte sich zu allererst auf die Wesensveränderung des sonst so stillen Sohnes beziehen. Und die unsagbar tiefe und mehrschichtige Antwort, die Jesus seinen erstaunten Eltern gab, wies sie bereits auf die Tatsache hin, dass er fortan Gott als seinen Vater erlebte. Denn ein Tempel war früher ein Haus der Gottheit. Es war wie eine herausfordernde Aussage, wenn man bedenkt, dass das Ideal israelitischer Frömmigkeit darin bestand, ein Knecht Gottes zu sein: aber ein «Sohn»? Später wird man ihn ob einer solchen Aussage sogar steinigen wollen.[11] Was war also geschehen?

Wir haben es hier mit einer ersten Stufe jener Metamorphosen zu tun, deren wir in den Ereignissen der Zeitenwende Zeuge werden: eine erste Steigerung nach Überwindung jener Polarität Punkt und Umkreis, wie sie vorhin in geometrischer Abstraktion genannt wurde. Das Ich des Zarathustra – der «Punkt» – war in die Seele des nathanischen Knaben – des

«Umkreises» – übergegangen. Fortan, bis zum Jordan hin, wurde das Leben des «neuen» Jesus ein Ergebnis der langsamen Durchdringung zweier unterschiedlicher Wesenskreise. Und es ist bezeichnend für diesen ergreifenden Prozess, wenn es heißt, hindeutend auf dieses Ereignis: «Und Jesus schritt voran in der Weisheit, in der Lebensreife und in der göttlich-menschlichen Anmut seines ganzen Wesens.» Zarathustras reifes Ich hatte sich mit der göttlich-menschlichen Aura des lukanischen Jesus wie *unisono* vereint. In ihr klang noch die Vaterwelt nach.

Nach der Schilderung Rudolf Steiners erfahren wir, dass bald darauf der salomonische Jesus verstarb, gewiss zum größten Schmerz der Eltern und all derjenigen, die in ihm möglicherweise den künftigen König über Israel sahen, wie es vor tausend Jahren David und Salomo gewesen waren.

Wir hören dann auch, wie im Laufe der Jahre die junge Mutter aus Nazareth und der alte Joseph aus Bethlehem sterben und wie sich in Nazareth eine neue Familie bildet.

Maria aus Bethlehem zog dann mit ihren Kindern ins Haus des Zimmermanns Joseph, bei dem Jesus nun in die Lehre ging. Er wuchs also mit einer Reihe von Brüdern als Stiefsohn der Maria auf und später wurde er Geselle seines Vaters, der in der Ausübung seines Handwerks viel im Lande herumreiste.

Bei diesen tief greifenden Schicksalsverkettungen werden wir Zeugen einer bereits von Plato formulierten Wahrheit, dass Gott fortwährend geometrisiert. Hier freilich nicht in den vielgestaltigen, mathematisch-geometrisch geordneten Formen von Kristallen, Pflanzen und der anderen Naturdinge, sondern in der gewaltigen Komposition von Schicksalsfäden, welche, im Reiche göttlicher Planung oder Vorsehung gleichsam urbildlich gesponnen, sich auf Erden zu konkreten Figuren verdichten.

Es wirkte hier das, was man auch Karma-Sphäre nennen

könnte, wie sie sich in der ersten Engelhierarchie – Seraphim, Cherubim, Throne – im Sinne des Gesamtplans unserer Evolution ausgestaltet. Aspekte dieser hohen Planung werden auch durch die Geschehnisse sichtbar, die sich in den achtzehn Jahren zwischen dem Besuch des Tempels in Jerusalem und der Jordantaufe abspielten. Ereignisse, die in den drei Jahren danach in der Seelenentwicklung des Jesus-Christus eine weitere Steigerung erfuhren.

Versuchen wir jetzt die Wege des Jesus bis zu seiner Begegnung mit Johannes am Jordan zu verfolgen.

Aus der Fülle der Einzelheiten, die auch das Alltagsleben des Jesus ausfüllen, heben sich drei gleichsam pyramidal aufgebaute Ereignisfolgen heraus, die schicksalsmäßig auf ihn zukommen. Es handelt sich um für Jesus zutiefst erschütternde Erlebnisse, Enttäuschungen an der damaligen geistigen Realität des Judentums, des Heidentums und der Welt essenischer Bestrebungen. Sie umfassen jeweils etwa sechs Jahre und wirken im Laufe der Zeit lebensgemäß immer wieder ineinander über.

Etwa von zwölf bis achtzehn Jahren sehen wir den Knaben, der bereits hohe Weisheit und Sternenreinheit verkörperte, sich in die damaligen Sozial- und Kulturverhältnisse einleben. Seine Umgebung sah in ihm auch einen künftigen, auserwählten Schriftgelehrten. Wenn Jesus sprach, horchte man gespannt auf die Antworten, die er gab.

Man male sich eine solche Szene in der Fantasie aus: Ehrwürdige Gestalten sitzen um den einfachen Tisch, und der frisch-jugendliche Schreinerlehrling geht mit ernst-heiterer Gebärde auf jede Frage liebevoll und sachkundig ein.

Aber Jesus selber wurde mit der Zeit immer schweigsamer: «Er wurde schweigsamer und schweigsamer, so dass er seiner Umgebung im höchsten Grade oftmals unsympathisch war.

Er aber kämpfte in seinem Inneren, kämpfte einen gewaltigen Kampf, einen Kampf, der ungefähr in dieser seiner Innerlichkeit hineinfiel zwischen das zwölfte bis achtzehnte Jahr seines Lebens. Es war wirklich etwas in seiner Seele wie ein Aufgehen innerlich liegender Weisheitsschätze, etwas, wie wenn aufgeleuchtet hätte in der Form der jüdischen Gelehrsamkeit die Sonne des einstigen Zarathustra-Wissens.»[12] Im Lichte dieser Fülle musste ihm, was an Weisheit im Judentum seit der Zeit der Propheten in Israel übrig geblieben war, äußerst dürftig vorkommen. Aber auch die Menschen hatten sich verändert. Selbst wenn die Stimme der Gottheit sich Israel wieder nahen wollte, waren die Menschen nicht da, die sie hätten wahrnehmen können. Im Geiste Jesu verdichtete sich diese unsagbar schmerzliche Erfahrung in die Imagination einer Wüste, einer sich über das ganze Land ausdehnende Wüste. Ähnlich wie der Anblick der physisch-realen Wüste Juda. Und seine geistige Einsamkeit steigerte sich von Jahr zu Jahr. Denn niemand vermochte Einblick in seine inneren Kämpfe zu bekommen. Er selber meinte ab einem gewissen Punkt seiner geistigen Entwicklung, dass er auch nicht der Fortsetzer des alten Offenbarungsstromes werden könnte, ja, dass er sich selber ungeeignet erklärte, der Fortsetzer des alten Judentums zu sein, wie Rudolf Steiner bedeutsam schildert: «So glaubte Jesus von Nazareth, dass ihm aller Boden unter den Füßen entzogen wäre, und er hatte manche Tage, wo er sich sagen musste: Alle Seelenkräfte, mit denen ich glaubte begnadet zu sein, sie bringen mich nur dazu, zu begreifen, wie in der Substanz der Evolution des Judentums kein Vermögen mehr besteht, heraufzureichen zu den Offenbarungen des Gottesgeistes.»[13]

Selbst die hohe Weisheit, die ihm zur Verfügung stand, war wie der Gipfel eines Berges, der keine Fortsetzung kennt, der zwar in der Sonne leuchtet, welcher aber den ewig blauenden Himmel nicht erreichen kann.

Aber Jesus erreichte auf seinen Reisen, ob als Zimmermann oder ob durch andere Motive veranlasst, auch Orte außerhalb Palästinas. Orte, die früher im Glanz heidnischer Mysterien oder Kulte ein hohes Geistesleben gepflegt hatten. Aber was sah er? Verlassene Altäre, bei welchen sich nur Horden von luziferischen und ahrimanischen Dämonen tummelten. Ausgeburten einer tiefen Dekadenz, die Menschenscharen mit schlimmen Seuchen heimsuchten. Bei einem solchen Anlass, beim Anblick dieser von seelischen und körperlichen Krankheiten behafteten Menschen, deren Priester die Kultstätte verlassen hatten, flammte in seiner Seele eine unendliche Liebe zu diesen Schwestern und Brüdern auf. Nicht eine Wüste erlebte er hier als Ausdruck ausgedörrter Weisheit, sondern einen brodelnden Kessel schlimmster Übel, wie eine schwarzfeurige Schlangengrube. Sein Mitleid wuchs ins Unerträgliche.

Nach diesen Erfahrungen, sagt Steiner, war Jesus nicht nur ausgestattet «mit dem Wissen der Weisheit, sondern in gewisser Weise durch das Leben ein Eingeweihter geworden». Denn, so lesen wir im gleichen Vortrag, «... kennenlernen musste diese Seele die Abgründe der Menschennatur, bevor das Ereignis vom Jordan eingetreten war».

Nun war Jesus dadurch in den Gesichtskreis des Essäerordens gekommen, der in Nazareth eine Niederlassung hatte. Die Essäer waren ein Orden, der viele Klöster in Palästina und in der weiteren Umgebung besaß. In Ägypten und anderswo wurden sie aber auch Therapeuten genannt. Sie standen in hohem Ansehen und verfolgten eine außerordentlich strenge, asketisch-moralische und spirituelle Schulung, die sie zu sehr hohen Stufen der geistigen Erleuchtung führten.

Das Individuum hatte keinen Besitz, denn alles, was sie vor dem Eintritt in den Orden hatten, gehörte der ganzen Gemeinschaft. In ihrer Art hielten sie auch Umschau nach einem Menschen, in dem sie die Bestimmung zu einem Messias zu erkennen hofften. Sie nahmen Jesus gewissermaßen wie einen Externen auf. Bei den Essäern, die bald dem mittlerweile über siebenundzwanzig-, achtundzwanzigjährigen Nazarener fast alles, was der Orden an Weisheit verfügte, mitteilten, lernte Jesus auch Johannes, den späteren Täufer, kennen. Johannes lebte dort wie eine Art Laienbruder.

In dieser Zeit erhöhte sich die hellsichtige Kraft in der Seele des Jesus. Bedeutende geistige Impressionen hatte er seit längerer Zeit immer wieder gehabt. Sie trugen aber im Wesentlichen dazu bei, über den geistigen Stand der damaligen Menschheit zutiefst zu verzweifeln. Die Essäer entwickelten zwar hohe geistige Kräfte, weil es ihnen gelungen war, Luzifer und Ahriman aus ihren Bestrebungen zu bannen. Die Reinheit der Seele, die sie erreichten, war aber keine Frucht einer echten Läuterung. Sie war eigentlich das Ergebnis einer Flucht vor den Widersachern. Statt ihren eigenen Widersacher-Anteil, könnte man sagen, zu assimilieren und durch eine echte Katharsis in Schach zu halten, erzeugten sie eine Art Gegenwirkung, die es Dämonen ermöglichte, sich auf andere Menschen zu stürzen, um sie besessen zu machen.

Das zu erleben, erzeugte in Jesus, dessen Seele in ihrer Weisheit und ihrem Mitleid einen Höchststand erreicht hatte, neben einem unvorstellbaren Schmerz einen mächtigen Opferwillen.

Nach weiteren Erlebnissen, aber auch fruchtbaren Gesprächen mit Johannes, kehrte er für eine Zeit in sein Haus zurück, um all das, was in den vielen Jahren seit dem schicksalhaften Ereignis im Tempel geschehen war, zu verarbeiten. Es kam dann zu jenem entscheidenden Gespräch mit der Stiefmutter, welches der Auslöser zu seiner Wanderung zum Jordan wurde – zu der Stelle, wo Johannes, den der Evangelist einen Zeugen des Lichtes nennt, die Menschen taufte, um sie zur Sinnesänderung zu führen.

Das Streben der Essäer-Gemeinden hatte Jesus als einen Verrat am vollen Menschentum und an den Mitmenschen erlebt. Ihre hohe Geistigkeit war ihm mehr und mehr wie große, silberne Vögel erschienen, die in dünner Höhenluft nur um sich selber kreisten.

Jesus' Mutter war damals etwa sechsundvierzig Jahre alt. Im Laufe der Jahre hatte sie mehr und mehr Herzverständnis für ihren Stiefsohn entwickelt.

Über dieses lange Gespräch haben wir von Steiner leicht abgewandelte Fassungen.

Es war ein tief greifendes Gespräch, das den Auftakt zu dem letzten Akt eines großen Dramas bedeutete. Denn hier erreichte die Individualität, die vormals in Zarathustra gewirkt hatte, die höchste Stufe der moralisch-geistigen Vollendung, so wie sie vor dem Mysterium von Golgatha von einem Menschen erreicht werden konnte. Der Buddha stieg zwar als Vollendeter in die hohe geistige Sphäre des Nirvana-Planes hinauf, verließ jedoch das Jammertal der Erde unter sich. Jesus vollbrachte das totale Opfer, um aus der Erde einen Sonnengarten des todlosen Lebens, eine goldene Stadt «im Licht der Gottesoffenbarung»[14] entstehen zu lassen. Das wurde seine hohe Bestimmung.

Ich möchte zum Abschluss dieses Kapitels eine ganz bestimmte Stelle aus dem Gespräch der Mutter mit Jesus im Wortlaut Steiners anführen. Ich habe sie immer als eine wirksame Meditation erlebt, um etwas von dem Schleier zu heben, der über diesen Geheimnissen der Erdenevolution ausgebreitet liegt. Jesus erzählt ihr schwer erschüttert von seinen Erlebnissen im Laufe der letzten achtzehn Jahre, von seinen Hoffnungen und Enttäuschungen und von der Aussichtslosigkeit, in der sich die Menschheit befindet. Er sprach zu ihr auch von vergangenen Kulturepochen, von ihren geistigen Möglichkeiten und wie Gegenwart und Zukunft der Menschheit gefährdet seien.

Es hieß dann, dass Judentum, Heidentum und Essäertum kein Wasser des Lebens und kein Brot mehr geben können. Gewiss sagte er auch, wie Machtgier und Herrschsucht sich in die Gemüter der Menschen eingeschlichen haben, in Palästina, Rom und anderswo auch. Und wie sie sich, gleich einer Seuche, verbreiten. Zuletzt kam auch zur Sprache, dass die hochgezüchteten Fähigkeiten der Essäer nicht dazu geeignet waren, das Geistesleben der Mitmenschen zu fördern:

«Es war in einer eigentümlichen Art, wie er das erzählte. Denn nicht nur gingen seine Worte hinüber zur Mutter, sondern die Worte flossen zum Herzen der Mutter hinüber wie lebendige Wesen. Die Mutter fühlte sich, wenn der tiefe Sinn dieser Worte – der von Leiden, aber auch von tiefster Menschenliebe durchtränkte Sinn – in ihre Seele hinüberfloss, wie wenn ihre Seele innerlich erkraftete, von einer von ihm herüberkommenden Kraft belebt würde und eine innere Wandlung erführe. So fühlte die Mutter. Es ist wirklich so, wie wenn alles, was in der Seele des Jesus von Nazareth lebte, während dieses Gespräches in die Seele der Mutter hinübergegangen wäre. Und es war auch für ihn so. Denn Merkwürdiges enthüllt uns geheimnisvoll hier der Blick in die Akasha-Chronik.

Der Jesus von Nazareth erzählte so, dass seine Worte, indem sie sich ihm entrangen und indem sie hinüberzogen in Herz und Seele der Mutter, immer ein Stück seines eigenen Ichs mit hinübernahmen. Man könnte sagen: Auf den Flügeln seiner Worte ging sein eigenes Ich wie hinüber zur Mutter, aber ohne dass es als solches eigentliches Ich in die Mutter hinüberging, die sich nur durch diese Worte wie belebt fühlte. Denn das Merkwürdige geschah jetzt, dass durch die Wirkung dieses Gespräches die Seele jener Mutter, welche die leibliche Mutter des nathanischen Jesus war, aus der geistigen Welt herunterkam und sich mit der Seele der Stief- oder Ziehmutter verband, sodass von jenem Gespräche an in der Seele der Stief- oder Ziehmutter zugleich die Seele der wirklichen Mutter des nathanischen Jesus lebte. Empfangen hatte die Seele der Stief- oder Ziehmutter die Seele jener anderen Mutter. Es war wie eine Art Wiedergeburt zur Jungfräulichkeit, was hier stattgefunden hat. Diese Wandlung, diese Durchsetzung der Seele der Mutter mit einer anderen Seele aus den geistigen Welten, sie macht in der Beobachtung allerdings einen tief, tief ergreifenden Eindruck, wenn man sieht, wie jetzt weiterhin die Stief- oder Ziehmutter eigentlich nur als Hülle derjenigen Mutter herumwandelt, welche die Zeit von Jesu zwölftem bis dreißigstem Jahre in der geistigen Welt zugebracht hat.

In dem Jesus selber war jetzt etwas, wie wenn er sein Ich an die Mutter hingegeben hätte, wie wenn in ihm nur, wie von kosmischen Gesetzen beherrscht, der physische Leib, der Ätherleib und der Astralleib lebten. Und ein innerer Drang entstand in dieser dreifachen Leiblichkeit des Jesus von Nazareth, zu demjenigen hinzugehen, den er in der Essäergemeinschaft kennengelernt hatte, der ja ebenso wenig wie er ein wirklicher Essäer war, aber in die Essäergemeinschaft aufgenommen war, hinzugehen zu dem Täufer Johannes.»[15]

Aber noch blieb Jesus einige Tage im Hause. Er wirkte wie traumverloren. Seine Stiefgeschwister dachten, er hätte den

Verstand verloren. Das Ich des Zarathustra war dabei, den mit seiner bewussten Spiritualität und Ichhaftigkeit gleichsam präparierten Leib des Jesus von Nazareth zu verlassen. Die Mutter, in deren Herz er dasjenige hineingelegt hatte, was ihm an Erlebnissen zugestoßen war, blieb zurück, während «er sich wie mechanisch aus dem Hause fortbewegte».[16] Das große Opfer war vollbracht.

Von der Jordantaufe zur Apokalypse des Johannes – Jesus-Werdung des Logos, Logos-Werdung des Jesus

Obwohl das Ich des Jesus sich von seinen drei Hüllen getrennt hatte, die jetzt, wie Steiner betont, von kosmischen Gesetzen beherrscht waren, kann man diese vollkommenen Hüllen nicht im weiten Sinn des Wortes als «ichlos» bezeichnen, selbst wenn das eigentliche Ich in die geistige Welt hinübergegangen war. Bis in die subtilsten Innenräume des Astralisch-Ätherischen und bis in die feinsten Fasern seiner Leiblichkeit war Jesus von der mächtigen Individualität des «goldenen Sternes» gleichsam ver-icht worden.

Wir müssen dabei bedenken, dass in den achtzehn Jahren, die seit dem Mysterien-Akt im Tempel von Jerusalem vergangen waren, eine intensive Durchdringung und Durchformung der nathanischen Seele stattgefunden hatte, bis in die Körperlichkeit hinein. Erdenreife und Himmelsanmut vereinigten sich in seinem Antlitz zu einer noch nie dagewesenen Harmonie. Der tiefe Ausdruck erlittener Schmerzen gab seiner Erscheinung das Gepräge reinster Menschenliebe und Majestät. Auf dem Höhepunkt dieser Entwicklung, als er sich in totalem Opferwillen einem vollbewussten Todesprozess aussetzte, war diese erste Verwandlung vollendet: ein Individuationsprozess der besonderen Art.

Punkt und Umkreis, Erde und Himmel, Ich und Allseele –

Urpolaritäten – hatten eine noch nie dagewesene Vereinigung erreicht. Die Taufe im Jordan wird eine weitere Steigerung im Sinne des Metamorphosengesetzes einleiten: die Menschwerdung eines Gottes und die Gottwerdung des Menschen – der Beginn einer neuen Schöpfung.

Philosophisch gesprochen bedeutet das die faktische Befreiung vom aristotelischen Satz des Widerspruchs, wonach zwei entgegengesetzte Bestimmungen nicht beide wahr sein können. Der Weltschöpfer kann beispielsweise nicht zugleich ein Geschöpf und die Kreatur ebenso wenig ihr eigener Schöpfer sein. Novalis schrieb sogar einmal, dass die höchste Aufgabe einer höheren Logik die sei, den Satz des Widerspruchs zu vernichten.

Eine wirksame Hilfe zur Bildung angemessener Begriffe zum Verständnis der hier behandelten Zusammenhänge kann die lebendige Vorstellung einer stehenden Lemniskate sein.

Es handelt sich um eine Kurve in Form der Zahl acht, die sich selbst schneidet, also eine Kreuzung besitzt und dadurch zwei Schleifen bildet. Die Außenseite der oberen Schleife wird zur Innenseite der unteren Schleife, wobei die Kurve in der Umgebung der Kreuzung gerade verläuft. Im Kreuzungspunkt, im Wendepunkt hat sie die Krümmung Null (Abb. S. 38).[17]

Diese Umstülpung, wonach außen innen wird und innen außen, die hier vollzogen wird, ist von urbildlicher Bedeutung und taucht in der Welt der physischen Tatsachen in verschiedenen Variationen auf. Zum Beispiel in unserem Blutkreislauf oder im Atmungsvorgang. Nicht zuletzt haben wir einen lemniskatischen Prozess beim Einschlafen und beim Aufwachen, beim Überschreiten der Schwelle zwischen dem hellen, nach *außen* gerichteten Bewusstsein und dem zunächst dunklen, nach *innen* gerichteten, worauf Steiner eindringlich hinweist. Aber nicht nur: «Interessanterweise führt Rudolf Steiner den

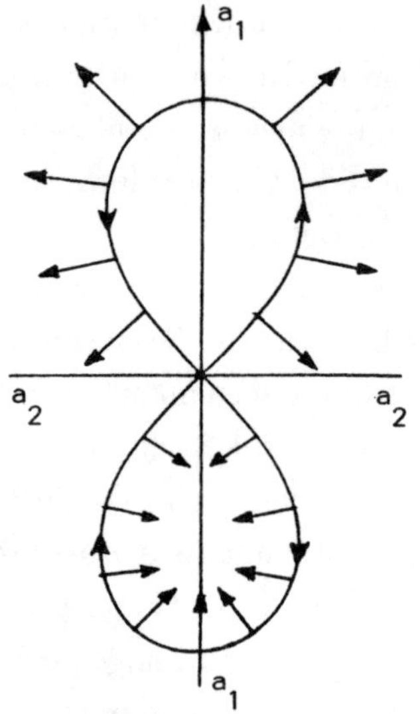

Lemniskate mit Symmetrieachsen und Innen-Außen-Dynamik

Gedanken des täglichen lemniskatischen Prozesses dahin weiter, dass die Erde nicht einfach um ihre Achse rotiere, sondern in Wahrheit im Raume Lemniskatenbewegungen ausführe.»[18]

In diesem Sinne stehen am Jordan der Sonnenlogos und Jesus so zueinander wie zwei leuchtende Schleifen einer zeitenwendenden Lemniskate: Göttliches will sich im Menschlichen verinnern. Menschliches ersteht neu im Göttlichen. Ein *Drittes* wird gewissermaßen empfangen, dessen volle Geburt erst nach Ostern eine geschichtliche Tatsache wird: in der Auferstehung.

Dazu müssen der göttliche «Inhalt» wie auch die von Weisheit und Liebe durchdrungene menschliche «Form» gleichsam ineinander «sterben», um als neues Wesen – transsubstantiiert – geboren zu werden.

Tiefer gesehen stellt sich heraus, dass die lemniskatische

Bewegung – als Urbild – dem Logos wesenhaft innewohnt. Sie ist Bildungsprinzip der Schöpfung oder auch Synthese aller Thesen und Antithesen.

Für die Thematik und das Anliegen dieses Buches ist diese zunächst mathematisch-abstrakt anmutende Figur *der* Schlüssel zum tieferen Verständnis des Christus-Jesus.

Ich sprach vorhin von Empfängnis und Geburt eines neuen Wesens durch die Ereignisse der Zeitenwende. Es ist interessant zu entdecken, dass Alexander Iwanows künstlerische Intuition – er hat ja zwanzig Jahre lang an diesem Gemälde gearbeitet – den einsam schreitenden Jesus ähnlich gekleidet wie Maria darstellt, so wie sie in der Ikonografie meistens abgebildet wird: blau wie die Himmelsweiten und rot als Inbegriff der Seeleninnerlichkeit. Auch wieder eine bedeutsame Polarität, die in der gefassten Haltung der Hände zur Harmonie gekommen ist.

Wollte Iwanow durch diese Details zeigen, dass Jesus vor einer Empfängnis stand? Gewiss. Denn der tiefere Aspekt der Worte, die beim Akt der Taufe von oben herabklingen, ist wohl: «Du bist mein Sohn, heute habe ich dich gezeugt.»[19]

Auch andere Maler, nicht zuletzt Leonardo da Vinci, haben Jesus in diesen Farben gemalt.

Wenn wir jetzt all das in Betracht ziehen, was bisher ausgeführt wurde, erhält die Erscheinung des wie feierlich schreitenden Jesus bereits eine tiefere Dimension.

So weit Iwanows Darstellung.

Die weiteren Schilderungen Steiners im «fünften Evangelium» berücksichtigen unter anderem auch noch die Tatsache, dass Jesus auf dem Weg zum Jordan noch drei Begegnungen mit Menschen hatte, welche ihm die Auswirkungen luziferischer und ahrimanischer Versuchungen vor Augen geführt hatten.

Nun kommt der Augenblick, in dem Johannes Jesus gegenüber steht. Die Erde hält gleichsam den Atem an. Sie kannten sich zwar schon, jedoch muss jetzt der Anblick dieser reinsten, durchlichteten Physiognomie, in deren Augen bereits ein ganzer Kosmos von Liebe glühte, den «Zeugen des Lichtes» zutiefst ergriffen haben.

Matthäus berichtet, dass der Täufer, im Gefühl der eigenen Unwürdigkeit, eher von Jesus getauft werden müsste. Aber Jesus erwidert ihm, dass sich «alle Ordnungen des Geschickes erfüllen» müssen.[20]

Und Johannes tauft ihn.

Alle vier Evangelisten, wenn auch unterschiedlich nuanciert, schildern nun das Herabkommen des Sonnengeistes, des Wortes vom Urbeginn, wie der Evangelist Johannes verkünden wird, in den Menschen Jesus. Das geschah, als Jesus aus den Fluten emporstieg.

Was werden die anderen Menschen, die dabei waren, erlebt haben?

Im Unterschied zur Verklärung auf dem Berge Tabor, wo drei Jünger des Sonnenwesens Christus ansichtig werden, ist hier nur die Erscheinung der Taube als Imagination des Heiligen Geistes geschildert, dessen Walten bereits die Geburt der beiden Jesusknaben bewirkt hatte. Jedoch muss dieses geistgewaltige Geschehen im Elementargefüge der Erde große Auswirkungen gehabt haben. Die Stimme Gottes ist eine kosmische, und wenn Markus schreibt, dass «die Himmel zerrissen»,[21] so dürfen wir uns konkret ein Einragen himmlischer Sphären mit ihrem Licht und ihrem Klang in die Seelen der anwesenden Menschen an diesem Ort der Hoffnung vorstellen. – Unzählige Malergenerationen haben versucht, diese Szene festzuhalten. Dennoch wäre Musik eine noch geeignetere Kunst, das Ertönen göttlicher Welten ansatzweise zu vermitteln.

Nun entfernt sich Jesus von der Jordanaue und nach einiger Zeit finden wir ihn in der Wüste – ein treffendes Bild für den geistigen Zustand der damaligen Menschheit. In der völligen Einsamkeit kommt selbst in uns gewöhnlichen Menschen vieles hoch, was man vielleicht nicht so gerne wahrnimmt. Wie mag es dem Sonnenwesen Christus bei der Begegnung mit den Seelentiefen des Jesus ergangen sein? Wir hören von einer dreifachen Versuchung. Aber hier, um es etwas einfach auszudrücken, gab es keinen Anlass oder keine besondere Angriffsfläche für die Widersacher! Rein wie bei einem Essäer auf höchster Entwicklungsstufe war das ganze Seelengefüge des Jesus von Nazareth, jedoch frei von Stolz und Eitelkeit.

Es hat etwas Erschütterndes, wenn man die Worte hört, die Jesus auf dem Weg zum Jordan den zwei Essäern zuruft, die ihm begegnen: «Eitel ist euer Streben, weil leer ist euer Herz, da ihr euch erfüllt habt mit dem Geiste, der den Stolz in der Hülle der Demut täuschend birgt.»[22] War das wirklich eine Versuchung im üblichen Sinn des Wortes? Ja und nein, könnte man sagen. Denn jetzt hatte der Inkarnationsvorgang des Christus in einen Menschen seinen Anfang genommen.

Christus selber, erhaben über alle Mächte des Bösen, war gewissermaßen unverwundbar, und Zarathustra-Jesus hatte eine ähnliche Vollendung wie der große Buddha erreicht. Er kannte und durchschaute bereits die Widersacher. Das war ja der Grund seiner abgrundtiefen Verzweiflung gewesen, im Judentum, Heidentum und Essäertum jene geistig-seelische Verkommenheit zu erleben, die in ihm den totalen Opferwillen zur letzten Ausreifung gebracht hatte.

Das auch hatte sich in den lukanischen Jesus eingeprägt. Das Element der «Versuchung» trat in dem Augenblick auf den Plan, als prinzipiell in diesem reinsten Wesen die Möglichkeit auftrat, Steine in Brot zu verwandeln, als absoluter Herrscher aufzutreten und, gleichsam wie ein Fakir, die Ordnungsgesetze der Natur zu missachten, wie uns Matthäus und Lukas berichten.

Diese «Vollmachten» des Gottessohnes in eindringlichen Bildern vor das Bewusstsein zu zaubern, sie in suggestive Stimmungen umzusetzen oder gar triebhaft anzuregen: Das war Werk der Widersacher.

Aber dieses Ansinnen prallte am Seelengefüge des Jesus ab. Der Christus als Gottheit, der noch lange aurisch die Gestalt des Jesus überragte, hätte zwar alle diese Möglichkeiten und wer dahinter stand gesichtet, aber es war der Mensch Jesus, der in seiner *seinsmäßigen,* selbstlos-reinsten Resonanz ihm ermöglichte, die uns bekannten Worte auszusprechen. Die Versuchung war deshalb möglich, weil Jesus ein Mensch war, in dessen Wesensglieder sich eine höchste Gottheit herniedergesenkt hatte, um ein Menschenschicksal mit all seinen Höhen und Tiefen, Hoffnungen und Enttäuschungen, Liebe und Verrat bis in den Tod hinein zu durchleben. Und ein Mensch ist nun einmal der Wirksamkeit der Widersacher auf den verschiedensten Ebenen ausgesetzt.

Indem jetzt das Ich des Jesus-Christus antwortet, ist bereits etwas zwischen Gott und Mensch zusammengewachsen. Die werdende göttlich-menschliche Lemniskate fängt bereits zu leuchten an. Der Evangelist Johannes wird schreiben, dass das Licht in *der Finsternis erschien.* In der Sprache der Goetheschen Farbenlehre gedeutet, bedeutet dieser Vorgang – wenn wir statt Finsternis «Trübe» setzen – die Geburt der Farbenwelt! Das heißt, dass nach der begonnenen Durchdringung beider Welten der sich bereits abzeichnende neue Mensch, oder «neue Adam» in der Sprache des Paulus, in einer besonderen

Farbstimmung aufleuchtet: wie bei einem Sonnenuntergang. Ein solches spirituelles Farbenleuchten wird uns auch nähergebracht, indem Matthäus und Markus berichten, dass ihm «Engel nahten ... und dienten».[23] Denn Engel erstrahlen selber in einer übersinnlichen Farbenskala, die sie mit uns Menschen gerne verweben, wenn wir Versuchungen der *Macht* über Mensch und Natur wirksam widerstehen. Diese Einwirkungen bedeuten Kraft für unser werdendes Ich, während einseitig-egoistische Machtausübung immer ein Zeichen von Ich-Schwäche ist. Insofern betraf die Versuchungsszene zu Anfang des Erdenwirkens des Christus-Jesus vornehmlich die Ich-Sphäre, wie sie im Bereich der Seelenkräfte Denken, Fühlen und Wollen waltet. Aber der Inkarnations- oder Vermenschlichungsprozess des Logos-Christus sollte alle Schichten des Mensch-Seins erfassen und metamorphosieren. Das Bewegende dieses Geschehens besteht auch darin, dass das Sonnen-Ich Christus das Menschliche in Jesus nicht gewaltsam überschattete, sondern *dass im Ich-konformen Seelengefüge der irdisch gewordenen Himmelsseele immer, seinsmäßig, ein «Ja», eine Bejahung als Antwort ertönte.*

Das müssen wir bei den weiteren Schilderungen in diesem Kapitel stets bedenken, bevor wir zum nächsten Thema fortschreiten, das im Mittelpunkt die Frage hat, was jeder von uns tun kann und welche seelisch-geistigen Qualitäten unser Ich braucht, um sich der Einwirkung des Logos-Samens bewusst zu öffnen. Denn seit Ur-Ostern ruht in jedem Menschen ein Sonnenkeim *der Auferstehung*, der in einer Art «Jordantaufe» von uns, wenn auch unbewusst, empfangen wurde. Diese reinste Potenzialität kann durch unseren freien Willen zur Entfaltung gebracht werden: «Von den Tagen Johannes des Täufers an, und jetzt erst recht, wird das Reich der Himmel gefunden; die ihren Willen anspannen, können es frei ergreifen.»[24]

Diese Botschaft wandelt seitdem durch die Jahrhunderte und verwandelt sich auch in dem Maße, als sich der Mensch im Zuge der Neuzeit zunehmend individualisiert. Denn Geschichte besteht aus vielen Schichten. Eine davon betrifft die fortschreitende Emanzipation des Individuums aus den tragenden Kräften seines Volkstums und seiner Stammes- und Familienzugehörigkeit. Aber auch aus einer freiheitsfeindlichen, dogmatisch ausgerichteten Glaubensgemeinschaft. Das zwanzigste Jahrhundert, aber auch unsere Gegenwart haben diesbezüglich bereits herbe Rückschläge hinnehmen müssen. Denn das Leben ist kein abgekartetes Spiel und das Ringen um individuelle Freiheit, die nichts mit ihren eigentlichen Doppelgängern – *egozentrische Willkür* oder *ich-lose Unterwürfigkeit* – zu tun hat, ist noch voll im Gange. In der anthroposophischen Geisteswissenschaft spricht man von der Bewusstseinsseele, die es zu entwickeln gilt, als Freiheitsseele, oder damit der Mensch «sich seines Ichs voll bewusst werden kann».[25]

Und es ist das Ich, das heute die Chance hat, in individueller Art und Weise «das größte Geheimnis unseres Zeitalters» zu erfassen: «Das Geheimnis von dem Wiederkommen des Christus.»[26] Nun erfordert dieses Gewahrwerden des Christus in der Seele und in der Natur, also innen *und* außen, wie es seiner lemniskatischen Wirksamkeit entspricht, eine fortschreitende Spiritualisierung unseres Denkens, Fühlens und Handelns, die wir dank der damaligen stufenweisen Verwandlung des Jesus von Nazareth in die kosmische Natur des Sonnenlogos erreichen können. Ein erstes Aufleuchten dieser Metamorphose wurde bereits als Ergebnis der Versuchung dargestellt. Nun schreitet dieser Prozess im Laufe der Evangelien weiter. Allerdings haben wir es hier mit außerordentlich komplexen Zusammenhängen zu tun, deren umfassende Behandlung mehrere Bände beanspruchen würde, oder, besser gesagt, wie Johannes am Ende seines Evangeliums sagt: «Noch vieles andere hat Jesus vollbracht. Sollte jedoch alles nacheinander aufgeschrieben werden, so meine ich, die Welt hätte nicht genügend Raum für die Bücher, die zu schreiben wären.»[27]

Dennoch haben unzählige Geister nach der Zeitenwende versucht, dieses zentrale Ereignis der Menschheitsgeschichte immer tiefer zu verstehen.

In diesem Sinne werde ich jetzt versuchen, Szenen aus dem Wirken Christi so darzustellen, dass ihr tieferer Sinn im Zusammenhang mit dem Thema dieses Kapitels etwas durchsichtig wird.[28] Dabei werde ich den Erkenntnisansatz des *dreifachen Schriftsinns* anwenden, um eine weitere Station im Werdegang des Jesus Christus hervorzuheben.

Dieser Erkenntnisansatz, der meistens der «allegorische Schriftsinn» zum Verständnis des Alten und Neuen Testaments genannt wird, ist in der Antike sehr verbreitet gewesen. Im Geistesraum des Christentums erreicht diese Methode der Auslegung heiliger Schriften bereits im alexandrinischen Kirchenvater Origenes eine hohe Stufe, nicht zuletzt dank seines klaren, umfassenden Denkens. Origenes (185 – 254) schreibt:

«Dreifältig sollen wir den Sinn der heiligen Schriften in unsere Seele schreiben, damit der Einfältige sich sozusagen am Fleisch der Schrift erbaue – so nennen wir die gewöhnliche Auffassung. Wer aber weiter fortgeschritten ist, der erbaue sich an ihrer Seele; der Vollkommene aber, der denen gleicht, von welchen der Apostel sagt: Weisheit reden wir unter den Vollkommenen, Weisheit aber nicht dieser Welt … sondern wir reden Gottesweisheit, der mag sich erbauen an dem geistigen

Gesetz, das den Schatten der zukünftigen Güter hat. Denn wie der Mensch besteht aus Leib und Seele und Geist, ebenso ist es mit der Schrift ...»[29]

Und es ist bedeutsam, dass sich auch bei Steiners Darstellungen, am Beispiel der Evangelien-Vorträge, einige Deutungen dieser Art finden lassen, die sich sachgemäß aus seiner eigenen Geistesschau heraus ergeben haben. Er hat «in seinen Vortragszyklen über die Evangelien und an vielen anderen Orten diesen origenistischen Schlüssel vom dreifachen Schriftsinn wiederum aufs genialste zu handhaben begonnen, ohne ihn indessen anderswo als auf den eigenen Geisteswegen gefunden zu haben».[30]

In diesem Sinne möchte ich jetzt eine Kernszene näher anschauen: das Wandeln auf dem Meer, wovon Matthäus, Markus und Johannes eine knappe Schilderung geben. Dabei konzentriere ich mich auf die Fassung von Matthäus.

Einige Zeit davor hatte der Christus in einer für die Jünger unfassbaren Vollmacht einen Sturm, der das Schiff, worauf sie sich befanden, ganz zu überschütten drohte, zur Stillung gebracht. Jetzt sind nur die Jünger auf dem Schiff, denn Jesus war «allein auf den Berg» gestiegen, «um zu beten». Am späten Abend war er noch dort allein.

«Das Schiff war schon viele Stadien vom Lande entfernt und wurde von den Wogen gepeitscht und hatte mit dem Gegenwind zu kämpfen. Um die vierte Nachtwache kam er zu ihnen, auf dem Meere wandelnd. Und als die Jünger ihn auf dem Meere wandeln sahen, erschraken sie und dachten, es sei ein Gespenst, und schrien vor Furcht. Aber schon sprach er zu ihnen: Fasset Mut! Ich bin's! Seid ohne Furcht! Da antwortete ihm Petrus: Herr, wenn du es bist, so heiß mich über das Wasser zu dir kommen. Er sprach: Komm! Und Petrus stieg aus dem Schiff und wandelte auf dem Wasser und kam zu Jesus. Als er jedoch den Wind verspürte, erschrak er und fing an unterzusinken und rief: Herr, rette mich! Und schon hatte Jesus seine Hand ausgestreckt und ihn herangezogen und sprach: Wie schwach ist doch dein Herz! Warum bist du unsicher geworden? Und sie stiegen in das Schiff, und der Wind legte sich. Die im Schiffe warfen sich vor ihm nieder und sprachen: Du bist wirklich Gottes Sohn.»[31]

Origenes würde jetzt uns sagen: Achtet auf das «Fleisch» der Schrift, dann auf ihre Seele und zuletzt auf das geistige Gesetz, «das den Schatten der zukünftigen Güter hat», im Sinne der «Gottesweisheit».

Also haben wir zunächst, wie man heute sagen würde, eine spannende Geschichte, deren «Leib» in den schlichten Tatsachen zu sehen ist, die uns die Rettung des Petrus aus Seenot zeigen. Wir hören das Pfeifen des Windes, das Peitschen der Wogen, das Krachen der Planken. Wir werden in das ängstliche Bangen der Schiffsinsassen und des Petrus hineingezogen und wir atmen erst dann auf, wenn die rettende Hand den bald Ertrinkenden hochzieht. Hier erbaut sich der Einfältige am Fleisch der Schrift, würde jetzt Origenes sagen. Viel wichtiger für den Fortgeschrittenen sei jedoch das seelische Moment: Im entscheidenden Augenblick ermangelt Petrus – dem Felsen – der tragende Glaube. Das ist gewiss richtig, jedoch haftet hier der Sinn noch zu stark am «Leib» des Geschehens, während der geistige Sinn einem den okkulten Tatbestand offenbart: Das Meer ist die astralisch-elementare Welt, in der sich die Seelen der Jünger während des Schlafes befinden. Das Schiff ist ein Bild der sie vereinenden und tragenden Kräfte ihrer werdenden Gemeinschaft. Petrus, angesichts des über das Meer wandelnden Jesus, wird zunächst von Herzensmut erfüllt, denn im «Herrn» erkennt er bereits sein eigenes, höheres Wesen. Aber seine Kraft reicht nicht aus, die Wogen seiner Emotionen zu bändigen – denn wir befinden uns in einer bestimmten Region der Seelenwelt, welche uns auch unsere noch ungeordneten Seelenkräfte vors geistige Auge spiegelt. Sein Ich war noch zu schwach, um sich das «Fasset Mut! Ich bin's! Seid ohne Furcht!» einzuverseelen. Daher drohte es ins unbewusste Meer der astral-elementarischen Welt zu versinken. Die «zukünftigen Güter» des Geistes, die Einwohnung Christi in seiner Seele, würde Origenes hinzufügen, bleiben noch ein fernes Ziel. Denn sie bedürfen einer starken Ich-Kraft.

In Bezug auf die Christus-Werdung des Jesus gesehen, offenbart uns diese bewegende Szene, dass der Logos die seelischen Tiefen des Menschen Jesus bereits durchdrungen hat, ja dass er die seelisch-elementare Welt beherrscht. Dieses Wort des Christus-Jesus, wandelnd über den Wogen: «Fasset Mut! Ich bin's! Seid ohne Furcht!» kann außerdem zu einer mächtigen Meditation werden, in stürmischen Situationen unseres Lebens doch Oberwasser zu behalten.

Origenes betont selbstverständlich, dass es auch Geschehnisse in den Evangelien gibt, die sich wirklich auf dem physischen Plan abgespielt haben. Dagegen spricht auch nicht die Tatsache, dass auch solche Ereignisse eine tiefere Bedeutungsschicht enthalten.

Beim Wandeln auf dem Meer stehen wir aber tatsächlich vor einer Situation, die sich nur geistig-okkult entschlüsseln lässt. Denn wäre der Christus-Jesus wirklich auf Wasser gewandelt, wäre er nachträglich der Versuchung erlegen, doch ein Mirakel ähnlich dem zu vollbringen, sich aus der Zinne des Tempels zu stürzen. Auch die wunderbare Vermehrung der fünf Brote und der zwei Fische, die auch Matthäus unmittelbar vor der

Petrus-Szene abrollen lässt und welche fünftausend Männer mit Frauen und Kindern sättigte, war kein irdisches Wunder. Denn sonst wäre er der anderen Versuchung verfallen, sozusagen aus Steinen Brot zu machen. Beide Versuchungen, um noch dieses Beispiel zu erwähnen, haben doch eine ähnliche Signatur: die Gesetze der Natur zu vergewaltigen.

Nun schreitet die Menschwerdung Christi mächtig fort. In der Verklärung auf dem Berg Tabor erleben wir eine weitere Stufe der Inkarnation der geistigen Sonne auf ihrem Erdenweg.

Selbstverständlich sind die unterschiedlichen Kompositionsgeheimnisse, die Matthäus, Markus, Lukas und Johannes ihren Texten unterlegen, so, dass eigentlich kein Ereignis aus sich allein voll erklärt werden kann. Denn sie sind alle in einem Sinnzusammenhang eingebettet. Dennoch lassen sich gewisse Kernmotive aus dem Ganzen einer Ereignisfolge herausschälen, in welchen eine bestimmte Metamorphose symptomatisch oder urphänomenal, wie Goethe sagen würde, sichtbar wird. Die «Verklärung» ist ein solches Ereignis.

Johannes, der besonderen Komposition seines Evangeliums gemäß, erwähnt sie nicht. Dafür hebt Lukas Einzelheiten hervor, die bereits auf die nächste Stufe des Erdenweges Christi hinweisen. Wir erinnern uns: Bei der Jordantaufe und in der dreifachen Versuchung sind wir vornehmlich im Bereich der *Ich-Sphäre* des Christus, der in dem Menschen Jesus gleichsam Wohnung genommen hatte. Die Vater-Gottheit nannte ihn «Sohn», und der Heilige Geist, in der imaginativen Gestalt der Taube, blieb über ihm schweben.[32] Eine erste Durchdringung des Göttlichen mit dem Menschlichen war in der Wüste erreicht worden. Das Wandeln auf dem Meer war nun das Zeichen – wie die Stillung des Sturmes davor –, dass Christus-Jesus den *Astral- oder Seelenleib* bereits durchdrungen hatte. Die «Verklärung» offenbarte nun, dass auch der ätherische Lichtleib des Jesus von dem Christus durchzogen, durchsonnt wurde.

Als letzte Stufe der Inkarnation wird uns der Tod auf Golgatha erscheinen und die Höllenfahrt. Motive, welche besonders die bildende Kunst im Laufe der Jahrhunderte inspiriert haben.

Durch die Auferstehung am dritten Tag wurde auch die Verwandlung des *physischen Leibes* gewissermaßen besiegelt.

Es ist mir bewusst, dass die Geschehnisse der Zeitenwende Höhen- und Tiefenschichten haben, worauf im Rahmen dieser Arbeit, die zu weiterem Forschen anregen möchte, nicht eingegangen werden kann. Ich hoffe dennoch, dass das Kernthema des Buches klar verfolgt werden kann.

Hier nun das Zeugnis des Lukas:

«... da nahm er Petrus und Johannes und Jakobus zu sich und stieg auf den Berg, um zu beten. Und während er noch im Gebet versenkt war, verwandelte sich das Aussehen seines Antlitzes, und sein Gewand wurde leuchtend weiß, wie mit Blitzen strahlend. Und siehe, zwei Männer sprachen mit ihm: Moses und Elias. Sie wurden im übersinnlichen Lichte sichtbar und sprachen von der Vollendung, die sein Erdenweg jetzt in Jerusalem finden sollte. Petrus und die anderen, die bei ihm waren, versanken in tiefen Schlaf. Im Erwachen aber nahmen sie den Glanz des geistigen Lichtes wahr, das von ihm ausging, und die beiden Männer, die bei ihm standen. Und als die beiden Gestalten von ihm wichen, sprach Petrus zu Jesus: Meister, wie gut ist es für uns, dass wir hier sind! Wir wollen drei Hütten bauen, eine für dich, eine für Moses und eine für Elias. Aber er wusste nicht, was er sprach. Und als er noch sprach, kam eine Wolke und überschattete sie. Sie waren ganz bestürzt, als sie die Gestalten in der Wolke verschwinden sahen. Da sprach eine Stimme aus der Wolke: Dieser ist mein auserwählter Sohn, höret auf sein Wort! Und als die Stimme noch sprach, sahen sie Jesus wieder allein vor sich stehen. Und sie bewahrten Schweigen über das Geschaute und erzählten in jenen Tagen niemand etwas von dem, was sie gesehen hatten.»[33]

Und nach dem letzten Gang nach Jerusalem, als die Passionszeit anbrach, als das Kreuz auf Golgatha zwischen den beiden Schächern aufgerichtet wurde und der Tod eintrat, war die «Vollendung» erreicht. Der Christus war ganz Jesus geworden und Jesus ganz Christus. Die volle *Geburt* des «neuen Menschen» hatte stattgefunden. Nun war auch der physische Leib aus seiner Haftung im finsteren Bereich der Erdenschwere und des Todes befreit worden: Die Finsternis wurde in der Zeitenwende durchlichtet und von Grund auf verwandelt. Der Auferstandene erstrahlte in einer noch nie dagewesenen Sonnenfarben-Aura. Und es ist in diesem Sinne gut nachvollziehbar, dass in der Finsternis der Golgatha-Stunde der Leib des Gekreuzigten bereits zu leuchten anfing, wie es sich der geisteswissenschaftlichen Forschung ergeben hat. Darauf fußend schildert Emil Bock Folgendes:

«Inmitten der Golgathafinsternis hat sich ein Mysterium geoffenbart, auf das wir nur in aller Behutsamkeit hindeuten können. Der Leichnam, der am Kreuze hing, fing zu leuchten an. Wenn in manchen ländlichen Gegenden auf den Feldern und an den Wegen Kruzifixe stehen mit vergoldetem Leib auf schwarzem Kreuzesholz, so lebt darin aus naiv-weisheitsvoller Volkstradition ein wichtiges Geheimnis des Karfreitags weiter. Ein geheimer Sonnenglanz durchbrach die schauervolle Mittagsnacht. Die Christussonne zeigte sich, als die äußere Sonne sich verfinsterte. Ein Osterstrahl wob sich bereits in das Dunkel des Karfreitags hinein.»[34]

Nun müssen wir etwas innehalten, bevor die nächsten Stufen oder Steigerungen des Wesensgefüges Christus und Jesus betrachtet werden können. Denn es hat sich eine Richtungsänderung ergeben, deren Wahrnehmung zum Verständnis unserer ganzen Thematik notwendig ist.

Das Logos-Sonnenwesen Christus hatte bereits seit undenklichen Zeiten seinen Weg zur Erde begangen. Durch alle Engelordnungen hindurch wirkend, vereinfacht ausgedrückt, begleitete er das mühsame und schmerzliche Werden der Menschheit, bis er eine letzte Stufe des Niederstiegs in der Erdenfinsternis von Golgatha erreichte als vollendete *Involution*. Durch die Kräfte, die im Christus-Logos wirksam waren, vermochte der Mensch Jesus der leiblichen Auferstehung teilhaftig zu werden. Seit Ostern lebte ein Wesen auf Erden, das sich seiner Göttlichkeit gleichsam entäußert hatte, um Menschengestalt anzunehmen. Und ein Mensch hatte eine solche Metamorphose seines gesamten Wesens erfahren, dass er im Göttlichen neu erstanden war. Das war der Beginn einer neuen *Evolution*.

Die Polarität Gott – Mensch hatte in diesem «neuen Adam», wie Paulus sagen würde, eine solche Steigerung errungen, dass dadurch urbildlich für uns alle ein neues Menschenreich entstanden war. Ein Samenkorn der Unendlichkeit und des todlosen Lebens wurde in das Sein eines jeden Menschen eingepflanzt, damit eines Tages auch alle Kreatur in diese Aufwärtsbewegung einbezogen werden kann.

Das ist, was ich als «Jordantaufe» der Menschheit genannt habe. Ohne unser Zutun haben wir alle diese Himmelsgabe als Potenz aller künftigen Entwicklung erhalten. Ein «Drittes», Neues, kann in uns wachsen, so wie der Auferstandene eine neue Schöpfung zwischen Gott und Mensch zur Offenbarung bringt. Seine Grundgebärde wird dank der Imagination der Lemniskate im Mikrokosmos und im Makrokosmos sichtbar. Anders formuliert: Seit Ostern hat im Verborgenen eine mächtige Aufwärtsbewegung Erde und Menschheit ergriffen. So wie das Sonnenwesen Christus niederstieg, so erhebt sich seit jenen Tagen die Schöpfung zum Schöpfer. Nicht zurück, sondern vorwärts. Der alte Kosmos wird verjüngt. War die «alte» Schöpfung aus den *Vaterwelten* heraus initiiert worden, aus dem Willen des «Vaters», so wird die neue Schöpfung als *Sohnesschöpfung* mit das Ergebnis des freien Willens eines jeden Individuums sein. Die Taube des *Heiligen Geistes,* die über Jesus' Haupt nach der Jordantaufe schweben blieb, bewirkt dann auch in jedem von uns die Geburt eines göttlichen «Sohnes».

Wenn auch im Laufe vieler Inkarnationen wird jeder Mensch in die Lage versetzt, ein freier Mitarbeiter am Plan dieser neuen Schöpfung zu werden.

Das bewusste Erwecken des Ich-Willens in den Tiefen der eigenen Seele, an dieser neuen Schöpfung mitzuwirken, ist zugleich eine Feuertaufe, denn unser wahres Ich ist in Wirklichkeit spirituelles Feuer, das nur durch unseren freien Willen entfacht werden kann. Sagte nicht Johannes der Täufer: «Ich taufe euch im Wasser, um euch zur Wandlung des Bewusstseins zu führen. Der nach mir Kommende ist mächtiger als ich. Zu gering bin ich, um auch nur seine Schuhe zu tragen. Er wird euch mit dem Heiligen Geiste und mit Feuer taufen.»[35] Mit diesen Worten weist Johannes prophetisch auf das Pfingstgeschehen hin, das sich fünfzig Tage nach Ostern ereignete. Davor hatte die Himmelfahrt in den Jüngern ein großes Gefühl der Verlassenheit hinterlassen.

Wenn wir jetzt die vorhin geschilderte Richtungsänderung

von unten nach oben berücksichtigen, als Steigerung der Kommunion zwischen Mensch und Gott im Stoff der Erde, dann verstehen wir die «Himmelfahrt» als eine weitere Stufe des Auferstandenen. Indem er, wie Lukas in der Apostelgeschichte berichtet, von einer «Wolke» aufgenommen wurde,[36] durchdrang er das Ätherisch-Elementarische, wie es sich im Beweglich-Feuchten der «Wolke» physisch ausdrückt. Dieses Zusammenspiel des Luftig-Feuchten ist gewissermaßen eine makrokosmische Entsprechung des Seelenmeeres im mikrokosmischen Astralbereich des Petrus und der anderen Jünger zur Zeit des Wandelns auf dem Meer.

Wenn wir das bisher Ausgeführte berücksichtigen, dann bedeutet die Himmelfahrt die Fortsetzung der Durchchristung von Mensch und Erde, wie sie auf Golgatha unter Begleitung von gewaltigen tellurischen Vorgängen ihren Anfang genommen hatte. Erde, Wasser-Luft und Luft-Feuer, wie es später zu Pfingsten geschah, werden in einem lebendigen, lemniskatischen Verwandlungsprozess aufgenommen, der bereits eine neue Erde ahnen lässt. Was den Werdegang von uns Menschen anbelangt, ist Pfingsten – die Feuertaufe – eine entscheidende Stufe.

Wir lesen in der Apostelgeschichte: «Und als sich die Zeit der fünfzig Tage erfüllte, erwarteten sie in gemeinsamer Andacht den Anbruch des Pfingstfestes. Da ertönte plötzlich aus den geistigen Höhen ein Laut wie das Brausen eines mächtigen Windes und erfüllte das ganze Haus, darin sie versammelt waren. Und es erschienen ihrem Schauen Feuerzungen wie Flammen, die sich zerteilten, bis sie auf einem jeden Einzelnen von ihnen zur Ruhe kamen. Und sie wurden alle vom Heiligen Geiste erfüllt …»[37]

Der Auferstandene wirkte jetzt im Bereich geistiger Feuerkräfte, wie sie sich in den Feuerkräften des Kosmos – am Beispiel der Sonne – manifestieren. Es ist die Christus-Einweihung, der sie teilhaftig werden. Sonnenlicht-Flammen als Keime des neuen Auferstehungsmenschen, wie er dem Johannes in seiner «Offenbarung» erscheinen wird. Es sind aber Lichtkeime, die der Mensch nur durch stetige Überwindung seiner Schwächen und Finsternisse zur völligen Blüte erst entfalten kann. Diese Flammen sind *zugleich* das wahre, höhere Ich der anwesenden Jünger, ähnlich wie es in jedem anderen Menschen geboren werden kann. Denn im Zeitalter der Bewusstseinsseele ist die Christus-Einweihung zugleich eine Christus-Einwohnung im Ich, im Sonnenfeuerzentrum unseres Wesens. Im Ich vermengt sich im Sinne einer Steigerung unser mikrokosmisches Wesen mit dem makrokosmischen Logosfeuer des Christus. Dieses «Wunder» geschah urbildlich zu Ostern.

Rudolf Steiner führt gegen Ende eines Vortrages über die «Bruderschaft, die durch ihre Einrichtungen und ihre Einweihung die Brüder vom Heiligen Gral sind», Folgendes aus: «Die von dem Christus-Ich Inspirierten und Durchdrungenen, die Christen der Zukunft, werden noch anderes verstehen; sie werden verstehen, was nur die Erleuchteten bisher verstanden haben. Nicht bloß den Christus werden sie verstehen, der durch den Tod gegangen ist, sondern sie werden verstehen den triumphierenden, in das spirituelle Feuer *auferstehenden* Christus der Apokalypse.»[38]

Im Zuge seiner Geistesforschung hat Steiner verschiedentlich über die Apokalypse des Johannes gesprochen. Dabei erwähnt er auch einen künftigen Zustand unserer Erde, den er den Jupiter-Zustand nennt. Dieser aus der gesamten Erde sich in den «Jupiter» metamorphosierende Kosmos bringt er in direkte

Verbindung mit der johanneischen Imagination eines «neuen Himmels» und einer «neuen Erde».[39]

Gleich zu Anfang dieser rätselhaften Schrift, die sich im Laufe der Jahrhunderte die mannigfaltigsten Deutungen hat gefallen lassen, wird uns eine majestätische Erscheinung geschildert. Eine reale imaginative Schau, auf die sich Steiner in dem eben erwähnten Vortrag offensichtlich bezieht. Bei allen Bildern, die uns Johannes nach und nach zeigt, müssen wir bedenken, dass sie sich wie aus einem schöpferisch-lebendigen Mittelpunkt heraus entwickelt. Wie bunte, klingende Blumenblätter entfalten sich daraus die sieben Sendschreiben, die sieben Siegel, die sieben Posaunen und die sieben Schalen bis zur entscheidenden Wende in der Erdenevolution: die Überwindung der Mächte des Bösen und das Erscheinen der heiligen Stadt, des neuen Jerusalem.[40]

Die Bilder der Apokalypse sind eigentlich immer in stetiger Verwandlung und können nur durch bewegliche Bildbegriffe sachgemäß erfasst werden, so wie sie sich aus einem längeren, meditativen Verweilen bei den einzelnen Motiven heraus ergeben. Aber niemals lassen sie sich durch eine rein materialistische Betrachtung erfassen.

Der lebendige Springbrunnen oder Mittelpunkt dieser vielschichtigen Motive ist der Auferstandene, der selber im Laufe des apokalyptischen Geschehens in verschiedenen Imaginationen erscheint. Man könnte sagen: Christus ist die «Urpflanze», die Bild auf Bild als Blattwerk aus sich herausquellen lässt: Wahrbilder des Menschheitsweges, denn er selber ist «der Weg und die Wahrheit und das Leben».[41]

So schildert ihn Johannes: «Ich, Johannes, euer Bruder und Schicksalsgefährte sowohl in allen Prüfungen als auch im inneren Königtum und in der ausharrenden Kraft, die wir als

die mit Jesus Verbundenen besitzen, war auf der Insel Patmos. Dort sollte ich des göttlichen Weltenwortes teilhaftig und der Zeugenschaft des Leidens Jesu erwürdigt werden. Am Tage des Herrn wurde ich in das Geistgebiet versetzt und hörte hinter mir eine gewaltige Stimme, wie den Schall einer Posaune ... Und ich wandte mich um, den zu sehen, dessen Stimme zu mir sprach. Und als ich mich umwandte, sah ich sieben goldene Leuchter und inmitten der Leuchter eine Gestalt wie die des Menschensohnes:
bekleidet mit einem langwallenden Gewand,
die Brust mit einem goldenen Gürtel umgürtet,
mit weißem Haupt, dessen Haar leuchtete wie weiße Wolle und wie Schnee,
mit Augen, als wären es Feuerflammen,
mit Füßen, als wären sie von Golderz, das im Feuer geglüht ist,
mit einer Stimme gleich dem Rauschen großer Wasserströme,
in seiner rechten Hand hielt er sieben Sterne,
aus seinem Munde ging es hervor wie ein scharfes zweischneidiges Schwert,
und sein Antlitz leuchtete wie die Sonne in ihrer ganzen Kraft.

Und als ich ihn sah, fiel ich zu seinen Füßen nieder und war wie tot. Er aber legte mir seine rechte Hand auf und sprach: Fürchte dich nicht. Ich bin der Erste und der Letzte und der Lebendige. Ich war tot, dennoch trage ich das Leben der Welt durch alle Äonen. Mein ist der Schlüssel zum Reiche des Todes und der Schatten. Schreibe nieder, was du siehst, das Gegenwärtige und das Zukünftige. Das Geheimnis der sieben Sterne, die du siehst in meiner rechten Hand, und der sieben goldenen Leuchter ist dieses: Die sieben Sterne sind die Engel der sieben Gemeinden, und die sieben Leuchter sind die sieben Gemeinden selbst.»[42]

Hier gibt der auferstandene Jesus, im Christus-Feuer innerlich lodernd, eine erste Deutung seiner Erscheinung: Die Sterne sind gleichsam Wohnungen der Engel in der geistigen Welt und die Leuchter weisen auf Gemeinden auf der Erde hin.

Wieder eine sich durchdringende Polarität im Wirkungskreis der Sonnenlemniskate.

Die tiefere Deutung der majestätischen Gestalt – im Sinne des Origenes – wird dadurch vereinfacht, als gleich zu Anfang gesagt wird, dass Johannes in das Geistgebiet versetzt wurde. Das «Fleisch» dieser Begebenheit ist wohl die reine Bildfolge. Die «Seele» wird dort gefunden, wo die Furcht des Johannes und der Trost der Worte des Herrn mitempfunden werden. Und der «Geist» dieser Bilder offenbart ein vollendetes, in Weisheit leuchtendes *Denken.* Das will uns die Schilderung des Hauptes sagen, «dessen Haar leuchtete wie weiße Wolle und Schnee». Das *Fühlen* dieser Gestalt erleben wir in der Liebesglut ihrer flammenden Augen. Der *Wille* wird durch das Goldfeuer seiner Füße zum Ausdruck gebracht. Weisheit, Liebe, Opferwille werden durch das langwallende Gewand gewissermaßen zu einer wirkenden Einheit zusammengeführt, während der goldene Gürtel wie das Licht der Sonne in seinem Antlitz ebenfalls Ausdruck des Sonnenwesens Christus durch den verklärten Jesus sind.

Das Schwert gibt dem Betrachter eine Ahnung von der Vollmacht des Weltenwortes, so wie Matthäus am Ende seines Evangeliums berichtet: «Nun ist mir alle Schöpfermacht übergeben im Himmel und auf Erden.»[43] Es ist ein zweischneidiges Schwert der schaffenden Wahrheit: Segen und Gericht zugleich, denn in dieser Sphäre hat die Lüge keinen Platz.

Der Weg des Jesus zur völligen Metamorphose in den Christus ist für uns alle das Urbild aller Christus-Einweihungen in

Vergangenheit, Gegenwart und Zukunft, immer gemäß der Signatur der jeweiligen Kulturepoche. Wie aus der Urpflanze unzählige Exemplare einer Gattung in den verschiedensten Gegenden der Erde entstehen, so aus diesem Urbild die differenzierten Ausprägungen der Initiationsvorgänge in den unterschiedlichen Individuen gemäß ihrer Reife und ihrer Artung.

Die einzelnen Stationen, deren Übergänge fließend sind, kann man auch so zusammenfassen: Seit dem Einziehen des Auferstandenen in die Menschheit seit dem Mysterium von Golgatha schwebt über uns allen die *weiße Taube* als Zeichen, dass sich die geistige Auferstehungssonne anschickt, in uns geboren zu werden. Sie ist *über uns.*

Durch die Anwendung unseres freien Willens, welcher durch geistig-moralische Schulung der Gnade von oben entgegenstrebt, wird in unserem Ich das Pfingstfeuer geboren. Die geistige Sonne ist dann *in uns.*

Wachsen wir weiter im Lichte dieses Urbildes, so können wir nach und nach der Geistgestalt des Christus-Jesus der Apokalypse ansichtig werden. Sie steht jetzt *vor uns.* Aber nicht räumlich.

Auf dieser Ebene verwirklicht sich das hohe Ziel, das Paulus in seinem unfassbar wahren Hohelied der Liebe mit folgenden Worten umschreibt: «Jetzt sehen wir noch wie in einem Spiegel alles in dunklen Konturen. Einmal werden wir alles schauen Angesicht in Angesicht. Jetzt ist mein Erkennen Stückwerk. Dann aber werde ich im Strome des wahren Erkennens stehen, in welchem Erkennen und Erkanntwerden eines sind.»[44]

Das Rosenkreuz – Die Einwohnung Christi im Menschen

Als Saulus «noch voller leidenschaftlichem Hass und Vernichtungswillen gegen die Jünger» war, wandte er «sich an den Hohenpriester und bat ihn um Aufträge an die Synagogen zu Damaskus. Er wollte die, die er auf dem Wege treffen würde, Männer und Frauen, gebunden nach Jerusalem bringen. Als er auf dem Wege war und nahe an Damaskus herankam, umstrahlte ihn plötzlich ein Licht aus dem Himmel. Er fiel zur Erde nieder und hörte eine Stimme, die zu ihm sprach: Saul, Saul, warum verfolgst du mich? Er sprach: Wer bist du, Herr? Und er vernahm die Antwort: Ich bin Jesus, den du verfolgst. Stehe nun auf und gehe in die Stadt. Dort wird dir gesagt werden, was du tun sollst. Die Männer, die ihn begleiteten, standen sprachlos da. Sie hörten zwar eine Stimme, aber eine Gestalt sahen sie nicht. Saulus erhob sich von der Erde. Aber als er seine Augen aufschlug, sah er nichts. An der Hand musste man ihn nach Damaskus führen. Drei Tage lang war er blind und nahm weder Speise noch Trank zu sich.»[45]

Die Apostelgeschichte erzählt uns weiter, wie der unerbittliche Verfolger auf Geheiß des Auferstandenen vom Jünger Ananias durch Handauflegen von seiner Blindheit befreit wurde.

Wir lesen dann, wie Saulus aufstand, sich taufen ließ und bald begann, in den Synagogen zu verkündigen, dass Jesus der Gottessohn sei. Das rief eine große Verwirrung unter den Juden von

Damaskus hervor, «indem er dartat, dass Jesus der Christus sei».[46]

Lukas berichtet dann in der Apostelgeschichte über das weitere Schicksal der ersten Christengemeinde, über erste Taten der Apostel und sehr ausführlich über die Wege des jetzt sich Paulus nennenden, neuen Verkünders der Heilslehre Christi.

Diese Szene vor den Toren der uralten Stadt am Rande der Wüste hat apokalyptischen Charakter. «Apokalypse» heißt ja «Offenbarung». Sie zeigt uns, wie die Hülle der Christus-Saat im Paulus nach dem Mysterium von Golgatha von der geistigen Sonne selber gesprengt wird.

Paulus sprach später von einer Geburt: «Ihr habt ja davon gehört, wie ich einst die Wege des Judentums gegangen bin und wie ich die Gottesgemeinde in maßloser Weise verfolgt und geschädigt habe. Ich überflügelte auf dem jüdischen Wege viele Gleichaltrige, die mit mir gleichen Blutes waren; in grenzenlosem Fanatismus setzte ich mich für die väterlichen Überlieferungen ein. Dann aber war es der Gütewille dessen, der mir schon vom Mutterleibe an besondere Ziele gesetzt und mich durch seine Gnade berufen hatte: seinen Sohn in mir zu offenbaren.»[47]

Eine bedeutsame Spannweite der Christus-Erfahrung wird hier sichtbar. Erinnert uns das Lichterlebnis vor Damaskus an die Ostersonne und die Betonung, dass das Licht «aus dem Himmel» kam, an die Himmelfahrt, so sehen wir in der Geburt des «Sohnes» in der Seele, des Christus als seines wahren Ichs, eine individuelle Ausprägung des Pfingstereignisses.

Dies ist ebenfalls die Vielfalt, die das «Wiederkommen des Christus» für jeden Menschen heute haben kann, wie Steiner mehrmals ausgeführt hat. Auch aus den Kräften des Kosmos, aus der Natur, gleichsam aus jedem Wesen und aus Menschen ausstrahlend, können wir Ihn erkennen.

Diese Einwirkung von «außen» ist die eine Seite heutiger Damaskus-Erfahrung.

Solche Erlebnisse haben in der Regel zeugende Kraft. Es werden dadurch verborgen liegende Kräfte des Guten und des Wahren in der Seele zum Leben erweckt. Ähnliches findet in der «inneren» Christus-Erfahrung, in der Geburt des «Sohnes», statt, wobei sich beide Erlebnisbereiche gegenseitig ergänzen und fördern. Ganz im Sinne der spirituellen Lemniskate.

Diese Spannweite zwischen Ostern – Himmelfahrt einerseits und Pfingsten andererseits ist auch in der Gegenwart die Quelle zu Verjüngungskräften, die unsere ganze Zivilisation und Kultur von Grund auf erneuern könnten. Es ist dabei wichtig zu bedenken, dass solche Erfahrungen außerordentlich individuell auftreten. Werke der Kunst und echte kultische Handlungen, die aus dem Geiste des Logos stammen, sind ebenfalls Tore zu dem apokalyptischen Christus. Sie setzen aber als bewusste Erlebnisse eine Beteiligung all unserer Seelenkräfte voraus.

Anders ausgesprochen, die Einladung zur «königlichen Hochzeit», wie Matthäus schildert,[48] geht an jeden Menschen, durch alle Epochen der Geschichte, entsprechend seiner jeweiligen Kulturstufe. Es ist dann eine Frage an unseren Willen, ob wir die Bereitschaft haben, zum Reich des Geistes vorzustoßen. Die Worte des Jesus sind bekannt: «Von den Tagen Johannes des Täufers an, und jetzt erst recht, wird das Reich der Himmel durch den Willen gefunden; die ihren Willen anspannen, können es frei ergreifen.»[49] Es ist aber immer Gnade, wenn es geschieht.

Der anthroposophisch-geisteswissenschaftliche Erkenntnisweg versteht sich als eine Möglichkeit, das «Reich der Himmel» dahingehend bewusst zu suchen und zu finden, um die gewonnenen Einsichten in allen Feldern des praktischen Lebens anzuwenden. Es ist aber ein vielfältiger Weg, der auch ein Fluss genannt werden könnte. Ein breiter Strom zeigt sich zuerst, mit vielen Nebenarmen, die durch verschiedene Landschaften fließen, um dann sich nach und nach mit dem Hauptstrom zu vereinigen. In diesem Sinne möchte ich jetzt Bilder und Übungen zeigen, die sich als wesentlich erweisen, den Samen des Logos in der eigenen Seele zum Wachsen zu bringen, wie weit auch immer sich die werdende «Pflanze» in jedem von uns bereits entwickelt haben mag. Es ist ein Weg, den ich auch gehe und der hier einfach als Anregung dargestellt wird. Gleichsam von Mensch zu Mensch.

Ich knüpfe zunächst an einige Szenen aus dem Johannes-Evangelium an.[50]

Wir lesen von der Kreuzigung Jesu und dass bei dem Kreuze auch seine Mutter stand. «Als nun Jesus seine Mutter dastehen sah und den Jünger, den er liebhatte, sprach er zu der Mutter: Weib, siehe, das ist dein Sohn. Und dann sprach er zu dem Jünger: Siehe, das ist deine Mutter. Und von der Stunde an nahm sie der Jünger zu sich.»

Das sind Worte der Weihe.

In einem früheren Kapitel haben wir gelesen, dass Jesu Mutter nach dem letzten Gespräch vor dem Gang nach dem Jordan eine Verwandlung ihres ganzen Seelengefüges bis in den physischen Leib hinein erlebte. Die entkörperte, reine Marienseele, die verstorbene Mutter des lukanischen Jesus, vereinigte sich mit der anderen Maria zu einem neuen Wesen. Eine kosmische Reinheit – Weltseelenhaftes – hatte in die salomonische Maria Einzug gehalten, die fortan gewissermaßen die Hüterin und der Quellort reinster Lichtkräfte der Seele wurde, damit der Christus in unserem Ich, in dessen Tiefen die stärkste Selbstsucht waltet, nach und nach wachsen kann. Das ist der tiefere

Sinn der wahren Marienverehrung im Mittelalter. Aber auch Johannes, der Jünger, den Jesus liebhatte, war durch eine gewaltige Lebensveränderung zu einem anderen Menschen geworden. Als Lazarus, wie er im Evangelium genannt wird, war er durch die Macht der Worte Christi aus dem Schattenreich des Todes wieder erstanden. Die volle Frucht dieser Erfahrung haben wir in der Apokalypse, der «Offenbarung» Johanni und in seinem Evangelium. Ich sehe in ihm dadurch den Hüter und den Quellort von Kräften, welche uns auch auf diesem Wege helfen, das Mysterium des Todes und der Auferstehung Christi mit unserem Bewusstsein dergestalt zu erfassen, dass wir dieser Erfahrung teilhaftig werden. Wirkt fortan in Maria die helle Lichtkraft der Weltseele, so in Johannes der Feuerimpuls, den im spirituellen Feuer auferstehenden Christus der Apokalypse zu verstehen. Und es entspricht einer wahren geistig-künstlerischen Inspiration, wenn Grünewald, in seinem Isenheimer Altar, die Gestalt Marias bei der Kreuzigung in ihrem ganz nach innen aufgenommenen Schmerz mit einem weiß-gelblichen Gewand malt und Johannes, der sie stützt, ganz in Rot abbildet (Farbtafel II).

Goethe schreibt in seiner Farbenlehre über die Farbe Gelb Worte, die auch für Weiß gelten können: «Es ist die nächste Farbe am Licht ... Sie führt in ihrer höchsten Reinheit immer die Natur des Hellen mit sich ...» Und, wenn er vom Rot spricht, das er zu den besonders aktiven Farben zählt, so kommt es mir vor, wie wenn er an Johannes den Evangelisten dächte: «Die Wirkung dieser Farbe ist so einzig wie die Natur. Sie gibt einen Eindruck sowohl von Ernst und Würde als von Huld und Anmut.»[51]

Es ist nicht müßig, in unserem Zusammenhang auch von Farb-Offenbarungen zu sprechen, gerade wenn wir versuchen, der Sphäre der Christus-Wirksamkeit etwas näher zu kommen. Goethe selber sah in den Farben eine unmittelbare Kundgebung des spirituell-ätherischen Lebens, in dem sich auch der Auferstandene heute offenbaren kann. Klassisch ist der Ausruf des erwachenden Faust im zweiten Teil der gleichnamigen Dichtung:

So bleibe denn die Sonne mir im Rücken!
Der Wassersturz, das Felsenriff durchbrausend,
Ihn schau ich an mit wachsendem Entzücken.
Von Sturz zu Sturzen wälzt er jetzt in tausend,
Dann abertausend Strömen sich ergießend,
Hoch in die Lüfte, Schaum an Schäume sausend.
Allein wie herrlich, diesem Sturm ersprießend,
Wölbt sich des bunten Bogens Wechseldauer,
Bald rein gezeichnet, bald in Luft zerfließend,
Umher verbreitend duftig-kühle Schauer!
Der spiegelt ab das menschliche Bestreben.
Ihm sinne nach, und du begreifst genauer:
Am farbigen Abglanz haben wir das Leben.[52]

Eine tiefe Empfindung für Lebensprozesse, wie sie sich auf einer bestimmen Erkenntnisebene farbig zeigen, gerade im Zusammenhang mit dem Christus-Geschehen, können wir bekommen, wenn wir das Johannes-Evangelium an der Stelle etwas weiter lesen, die oben zitiert wurde, und, daran anschließend, die Meditation des Rosenkreuzes in den Mittelpunkt unserer Betrachtung rücken, so wie sie in den nächsten Seiten geschildert wird.

Es handelt sich um das Bewegend-Rätselhafte des Lanzenstoßes in die Seite des Gekreuzigten, nachdem er, wie Johannes schreibt, sein Haupt geneigt hatte: «Einer aber von den Soldaten stieß mit der Lanze in seine Seite, und sogleich floss Blut und Wasser heraus. Das hat der, der es sah, selber bezeugt, und sein Zeugnis ist wahr. Und er weiß, dass er die Wahrheit spricht, damit auch ihr den Weg des Glaubens findet.» Johannes würde gewiss eine solche Beteuerung nicht aussprechen, wenn dieses erstaunliche Ereignis keine tiefere Bedeutung hätte.

Gerne greife ich wieder den goetheschen Schlüssel auf, der unseren Sinn für Metamorphosen öffnen kann: Polarität und Steigerung. Ein Begriffspaar, das uns auch in seiner Farbenlehre begegnet.

Origenes würde jetzt in dem physischen Geschehen in seiner offensichtlichen Dramatik die erste Deutungsschicht erblicken und in der Tatsache, dass sich so etwas vor ihren Augen und vor den Augen des erstaunt-ergriffenen Soldaten, dem die Nachwelt den Namen Longinus gab, abspielt, den zweiten Schriftsinn. Denn es handelt sich um einen Hinweis auf «den Weg des Glaubens» für unsere Seele, den hier Johannes gibt.

Der geistige Sinn des Fließens von Wasser und Blut erschließt sich erst einem Blick, der diese Tatsache auch als Imagination erlebt und ihren Schleier hebt: Das Wasser, das in seiner Durchsichtigkeit und Reinheit, als Träger aller Lebensprozesse, ja des kosmischen Lebens des Logos, ist hier Ausdruck makrokosmischer Kräfte, die gleichsam von «oben» herabkommen. Das Blut ist das mikrokosmische «Feuer» im Menschen. Es ist deshalb ein «ganz besonderer Saft»,[53] weil es Träger intimster Ich-Kräfte ist. In den Wärmeprozessen unseres Blutes wogt im Grunde die tiefere Schicht unseres gesamten Seelenlebens. Ist das Wasser Bild dessen, was von oben kommt, gleichsam gnadevoll-objektiv oder *unpersönlich,* so stellt uns die Imagination des Ich-Feuers ein zutreffendes Bild des *Persönlichen* dar. Aber zunächst sind Wasser und Feuer, die sich gegenseitig auslöschen und Dampf und Asche erzeugen, Feinde. Als Steigerung angeschaut, erblicken wir in der rosaroten Farbe nicht eine einfache Mischung, sondern eine Art Besiegelung, dass das mikrokosmische Menschentum des Jesus sich in das Objektiv-Göttliche hinein metamorphosiert hat. Und das Göttliche ist vollends «Fleisch» geworden. Ein Mensch, der im Sinne des Johannes und Maria als Hüter dieses Mysteriums diesen Weg der Verwandlung geht, erreicht nach und nach ein *überpersönliches*[54] Element in seiner Seele. Das ist die etwas abstrakte Schilderung der Verwandlung, die jedermann an sich erfahren kann, der beispielsweise die Rosenkreuz-Meditation intensiv praktiziert. Eine Übung, die Steiner in seinem Werk *Die Geheimwissenschaft im Umriss*[55] schriftlich niedergelegt hat.

Johannes und Maria, neben ihnen der erschütterte Longinus, wurden Zeugen einer neuen Mysterienquelle, welche die vorchristlichen Tempeleinweihungen endgültig ablösen sollte.

Früher musste die irdische Persönlichkeit des Einzuweihenden gewissermaßen ausgelöscht werden, damit sich in ihm ein göttlich-überpersönliches Weisheitselement nach bestandenen Prüfungen manifestieren konnte. Aber der Mensch trat im Laufe seiner Inkarnationen mehr und mehr in die volle Menschwerdung hinein. Er sollte sich als Persönlichkeit im Umfang seiner Seelenkräfte, als in sich ruhende Individualität, erleben. Seit Anbruch der Neuzeit ist das zunehmend der Fall, sodass eine Mysterienschulung nötig wurde, die unter voller Berücksichtigung unserer Ich-Kräfte die Tore zum Geistigen im Kosmos und zur menschlichen Seele neu zu öffnen vermag.

Dass wir es schaffen können, hängt mit dem in der Zeitenwende unbewusst aufgenommenen Logos-Samen zusammen, mit unserer «Jordantaufe». Rudolf Steiner spricht in diesem

Zusammenhang oft vom Christus-*Impuls*, damit auf den verborgenen Willenscharakter dieser Kraft hinweisend.

Ich habe vorhin das Bild des fließenden Blutes mit Wasser als Hinweis auf diese neue Einweihungsquelle gedeutet, weil ich darin das Zeichen einer Steigerung der Polarität Mensch – Gott erblicke. Ich habe oft und lange über diese Szene nachgedacht, und einmal verdichteten sich meine Eindrücke in Versform. Dieses kleine Gedicht spricht in konzentrierter Art und Weise, was ich hier versucht habe darzustellen, und leitet zum Thema der Rosenkreuz-Meditation hin:

Longinus sah Wasser und Blut
sich in Rosen verwandeln
als er
den Menschensohn
traf.
Er sah
Himmel und Erde
im Golde erglühn
als der Gottessohn
starb.[56]

Der Name des Lanzenträgers Longinus wurde in den Sagenkreis um den Heiligen Gral aufgenommen. Die Lanze oder der Speer als Sinn-Bilder spielen darin eine große Rolle. Steiner spricht vom esoterischen Strom des Rosenkreuzes als Fortsetzung der Gralsströmung, womit zunächst lediglich die historische Abfolge beider Mysterienrichtungen gemeint ist, wie sie dokumentarisch verfolgt werden kann. Geistig, im Sinne der Christus-Wirksamkeit, gehören beide zum Herzzentrum der neuen Sonnenmysterien, wie sie im Zeitalter der Bewusstseinsseele gefunden werden können.

Als die erste Auflage der *Geheimwissenschaft im Umriss* 1910 erschien, schrieb Steiner von einem im Laufe der Geschichte wirkenden «verborgenen Wissen», um dann zu dieser Feststellung zu kommen: «Man kann das ‹verborgene Wissen›, welches von dieser Seite die Menschheit ergreift, nach einem Symbol die Erkenntnis vom ‹Gral› nennen. Wer dieses Symbol, wie es in Erzählung und Sage gegeben ist, seiner tieferen Bedeutung nach verstehen lernt, wird nämlich finden, dass es bedeutungsvoll das Wesen dessen versinnlicht, was oben die Erkenntnis der neuen Einweihung, mit dem Christus-Geheimnis in der Mitte, genannt worden ist. Die neuzeitlichen Eingeweihten können deshalb auch die ‹Eingeweihten des Grales› genannt werden. Zu der ‹Wissenschaft vom Gral› führt der Weg in die übersinnlichen Welten, welcher in diesem Buch in seinen ersten Stufen beschrieben worden ist.»[57]

Zu diesem Weg gehören der innere Aufbau des Rosenkreuzes und die Erlebnisse, die der Meditant im Verfolgen der weiteren Stufen dieser den ganzen Menschen erfassenden Meditation haben kann.

Es ist bezeichnend, dass Steiner in dem fast hundert Seiten umfassenden Kapitel «Die Erkenntnis der höheren Welten – Von der Einweihung oder Initiation» diese Übung an den Anfang stellt. Ich wage zu behaupten, dass sie gewissermaßen das «Urphänomen» darstellt, woraus die Ratschläge, Mahnungen und Aussichten, die im Laufe der Lektüre auftreten, gleichsam erwachsen. Ich sehe darin eine Art «offenbares Geheimnis», wie sich Goethe ausdrücken würde, zumal er selber eine Art Rosenkreuzer-Initiation durchgemacht hatte.[58]

Der Aufbau des Rosenkreuzes ist zunächst relativ einfach.

Ich möchte jetzt systematisch darauf eingehen und einen Bezug zum Thema dieses Buches herstellen.

Wir werden aufgefordert, eine bestimmte sinnbildliche Vorstellung in der Fantasie aufzubauen. Ich habe mir im Voraus Mühe gegeben, das, was Steiner dazu anregt und anmahnt, mit eigenen Worten darzustellen, aber Wortwahl, Satzbau und Dynamik der Originalstelle sind so wesentlich, dass man mit gutem Gewissen keine einzige Wendung weglassen kann. Daher habe ich mich dazu entschlossen, den betreffenden Abschnitt in voller Länge zu zitieren, zumal das, was das Rosenkreuz versinnbildlicht, nach meiner Erfahrung nicht nur das Herz des anthroposophischen Schulungsweges ist, sondern auch den Sinn der gesamten Erdenentwicklung in sich trägt. Deshalb ist eine aufmerksame Lektüre dieser Passage zum Verständnis des Ganzen unentbehrlich.

«Es soll nun ein Beispiel der inneren Versenkung mit einer sinnbildlichen Vorstellung veranschaulicht werden. Zunächst muss eine solche Vorstellung erst in der Seele aufgebaut werden. Das kann in folgender Art geschehen: Man stelle sich eine Pflanze vor, wie sie im Boden wurzelt, wie sie Blatt nach Blatt treibt, wie sie sich zur Blüte entfaltet. Und nun denke man sich neben diese Pflanze einen Menschen hingestellt. Man mache den Gedanken in seiner Seele lebendig, wie der Mensch Eigenschaften und Fähigkeiten hat, welche denen der Pflanze gegenüber vollkommener genannt werden können. Man bedenke, wie er sich seinen Gefühlen und seinem Willen gemäß da und dorthin begeben kann, während die Pflanze an den Boden gefesselt ist. Nun aber sage man sich auch: Ja, gewiss ist der Mensch vollkommener als die Pflanze; aber mir treten dafür auch an ihm Eigenschaften entgegen, welche ich an der Pflanze nicht wahrnehme, und durch deren Nichtvorhandensein sie mir in gewisser Hinsicht vollkommener als der Mensch erscheinen kann. Der Mensch ist erfüllt von Begierden und Leidenschaften; diesen folgt er bei seinem Verhalten. Ich kann bei ihm von Verirrungen durch seine Triebe und Leidenschaften sprechen. Bei der Pflanze sehe ich, wie sie den reinen Gesetzen des Wachstums folgt von Blatt zu Blatt, wie sie die Blüte leidenschaftslos dem keuschen Sonnenstrahl öffnet. Ich kann mir sagen: Der Mensch hat eine gewisse Vollkommenheit vor der Pflanze voraus; aber er hat diese Vollkommenheit dadurch erkauft, dass er zu den mir rein erscheinenden Kräften der Pflanze in seinem Wesen hat hinzutreten lassen Triebe, Begierden und Leidenschaften. Ich stelle mir nun vor, dass der grüne Farbensaft durch die Pflanze fließt und dass dieser der Ausdruck ist für die reinen leidenschaftslosen Wachstumsgesetze. Und dann stelle ich mir vor, wie das rote Blut durch die Adern des Menschen fließt und wie dieses der Ausdruck ist für die Triebe, Begierden und Leidenschaften. Das alles lasse ich als einen lebhaften Gedanken in meiner Seele erstehen. Dann stelle ich mir weiter vor, wie der Mensch entwickelungsfähig ist; wie er seine Triebe und Leidenschaften durch seine höheren Seelenfähigkeiten läutern und reinigen kann. Ich denke mir, wie dadurch ein Niederes in diesen Trieben und Leidenschaften vernichtet wird, und diese auf einer höheren Stufe wiedergeboren werden. Dann wird das Blut vorgestellt werden dürfen als der Ausdruck der gereinigten und geläuterten Triebe und Leidenschaften. Ich blicke nun zum Beispiel im Geiste auf die Rose und sage mir: In dem roten Rosenblatt sehe ich die Farbe des grünen Pflanzensaftes umgewandelt in das Rot; und die rote Rose folgt wie das grüne Blatt den reinen, leidenschaftslosen Gesetzen des Wachstums. Das Rot der Rose möge mir nun werden das Sinnbild eines solchen Blutes, das der Ausdruck ist von geläuterten

Trieben und Leidenschaften, welche das Niedere abgestreift haben und in ihrer Reinheit gleichen den Kräften, welche in der roten Rose wirken. Ich versuche nun, solche Gedanken nicht nur in meinem Verstande zu verarbeiten, sondern in meiner Empfindung lebendig werden zu lassen. Ich kann eine beseligende Empfindung haben, wenn ich die Reinheit und Leidenschaftslosigkeit der wachsenden Pflanze mir vorstelle; ich kann das Gefühl in mir erzeugen, wie gewisse höhere Vollkommenheiten erkauft werden müssen durch die Erwerbung der Triebe und Begierden. Das kann die Beseligung, die ich vorher empfunden habe, in ein ernstes Gefühl verwandeln; und dann kann ein Gefühl eines befreienden Glückes in mir sich regen, wenn ich mich hingebe dem Gedanken an das rote Blut, das Träger werden kann von innerlich reinen Erlebnissen, wie der rote Saft der Rose. Es kommt darauf an, dass man nicht gefühllos sich den Gedanken gegenüberstelle, welche zum Aufbau einer sinnbildlichen Vorstellung dienen. Nachdem man sich in solchen Gedanken und Gefühlen ergangen hat, verwandle man sich dieselben in folgende sinnbildliche Vorstellung. Man stelle sich ein schwarzes Kreuz vor. Dieses sei Sinnbild für das vernichtete Niedere der Triebe und Leidenschaften; und da, wo sich die Balken des Kreuzes schneiden, denke man sich sieben rote, strahlende Rosen im Kreise angeordnet. Diese Rosen seien das *Sinnbild* für ein Blut, das Ausdruck ist für geläuterte, gereinigte Leidenschaften und Triebe. Eine solche sinnbildliche Vorstellung soll es nun sein, die man sich in der Art vor die Seele ruft, wie es oben an einer Erinnerungsvorstellung veranschaulicht ist. Eine solche Vorstellung hat eine seelenweckende Kraft, wenn man sich in innerlicher Versenkung ihr hingibt. Jede andere Vorstellung muss man versuchen während der Versenkung auszuschließen. Lediglich das charakterisierte

Sinnbild soll im Geiste vor der Seele schweben, so lebhaft als dies möglich ist. – Es ist nicht bedeutungslos, dass dieses Sinnbild nicht einfach als eine weckende Vorstellung hier angeführt worden ist, sondern dass es erst durch gewisse Vorstellungen über Pflanze und Mensch aufgebaut worden ist. Denn es hängt die Wirkung eines solchen Sinnbildes davon ab, dass man es sich in der geschilderten Art zusammengestellt hat, bevor man es zur inneren Versenkung verwendet. Stellt man es sich vor, ohne einen solchen Aufbau erst in der eigenen Seele durchgemacht zu haben, so bleibt es kalt und viel unwirksamer, als wenn es durch die Vorbereitung seine seelenbeleuchtende Kraft erhalten hat. Während der Versenkung soll man jedoch sich alle die vorbereitenden Gedanken nicht in die Seele rufen, sondern lediglich das Bild lebhaft vor sich im Geiste schweben haben und dabei *jene Empfindung* mitschwingen lassen, die sich als Ergebnis durch die vorbereitenden Gedanken eingestellt hat. So wird das Sinnbild zum Zeichen neben dem Empfindungserlebnis. Und in dem Verweilen der Seele in diesem Erlebnis liegt das Wirksame. Je länger man verweilen kann, ohne dass eine störende andere Vorstellung sich einmischt, desto wirksamer ist der ganze Vorgang. Jedoch ist es gut, wenn man sich außer der Zeit, welche man der eigentlichen Versenkung widmet, öfters durch Gedanken und Gefühle der oben geschilderten Art den Aufbau des Bildes wiederholt, damit die Empfindung nicht verblasse. Je mehr Geduld man zu einer solchen Erneuerung hat, desto bedeutsamer ist das Bild für die Seele.»[59]

Diese Schilderung ist eine sehr genaue Wegleitung. Im weiteren Verlauf des Kapitels werden von Steiner andere Übungen vorgestellt und auch weitere Anregungen zu ihrer sachgemäßen Ausführung vermittelt.

Selbstverständlich sind alle seelischen Prozesse, die jede

Übung begleiten oder durch sie verursacht werden, recht komplex und treten bei jedem Meditanten individuell auf. Letzteres trifft selbstverständlich auch bei dieser Meditation zu. Daher werde ich auch versuchen, die gleichsam objektiven Aspekte dieser Übung hervortreten zu lassen bzw. das anzudeuten, was ein Ergebnis der meditativen Bemühungen sein kann, vor allem in Bezug auf unser Gesamtthema. Und immer vor dem Hintergrund der Tatsache, dass das Urbildliche, das durch das Rosenkreuz in Erscheinung tritt, zugleich der Lebensstrom aller späteren Schulungsanweisungen ist, die Steiner in den folgenden Jahren gegeben hat.

Hier fällt auf, dass alle drei wesentlichen Seelenkräfte, zusammengefasst in Denken, Fühlen und Wollen, gleichsam paritätisch vertreten sind. Das heißt, dass diese Meditation nicht nur das verstehende und das bildschaffende Denken ergreift, sondern auch das Gefühl – die Empfindung – und den im Aufbau des Bildes und in «Geduld» sich betätigenden Willen. Und wesentlich ist festzustellen, dass die Empfindungen, die geschildert werden, nicht durch das *Bild* als solches erzeugt werden sollen, sondern, wie Steiner betont, «durch die vorbereitenden Gedanken». Denn ließe man nur das Bild oder ein anderes Symbol auf sich ohne eine vom Ich kontrollierte Gedanken-Tätigkeit, rein *emotional,* wirken, dann würde es nur eine bedenkliche Suggestion ausüben, unter Umständen begleitet von unterbewussten, eigensüchtigen Wünschen nach Erleuchtung oder Beseligung.

Es soll das Ich immer der Lenker aller Denkbewegungen bleiben.

Es gibt, sowohl in der spirituellen Tradition des Abendlandes wie auch in der Esoterik-Szene unserer Tage, genug Beispiele von «Exerzitien» oder suggestiven Meditationspraktiken, die letzten Endes den Übenden in die Gefangenschaft der eigenen Vorstellungen führen. Es ist immer der bewusste Denk-Wille, das schaffende Gedanken-Licht, das die jeweiligen Vorstellungen erzeugen, beleben und lenken soll und nicht die Bilder als solche.

Steiner spricht dann von einer weiteren Willensbetätigung unseres Ichs, wenn er von der seelenweckenden Kraft einer solchen Vorstellung erzählt, indem man sich ihr «hingibt». Oder, wenn er schreibt, dass es gut ist, «wenn man sich außer der Zeit, welche man der eigentlichen Versenkung widmet, öfters durch Gedanken und Gefühle der oben geschilderten Art den Aufbau des Bildes wiederholt, damit die Empfindung nicht verblasse. Je mehr Geduld man zu einer solchen Erneuerung hat, desto bedeutsamer ist das Bild für die Seele.»

Aufbau, Wiederholung, Geduld, Erneuerung: Das ist *Wille*, der auch durch das Festhalten des Rosenkreuzes im eigenen Bewusstsein gestärkt wird.

Aber das eben Geschilderte bildet nur den notwendigen Auftakt zum Herzmittelpunkt der Meditation, in deren kontrapunktisch-harmonischem Verlauf wir die Kategorien entdecken, die hier schon früher im Zusammenhang mit Goethes Erkenntnismethodik hervorgehoben wurden: Polarität und Steigerung, Stirb-und-Werde-Wirklichkeit, Metamorphose.

Diese Momente traten uns bereits bei der Jordantaufe des Jesus von Nazareth entgegen, in seiner Metamorphose in den Gottes-Sohn und in dem Auferstandenen. Aber auch als sich Wasser und Blut in «Rosen» verwandelten. Nun die Frage: Durch welche Kraft wird die Wandlung unseres Blutes – denn das ist der Sinn der Übung – als Ausdruck von Begierden, Leidenschaften bewirkt, die alle ihren Quellpunkt in der Glut unfassbarer Selbstsucht haben? Eine Wandlung, die freilich ihre konkrete Wirklichkeit erst im Sozialen, in der Erkenntnis, in der Kunst oder in der religiösen Betätigung offenbart?

Rudolf Steiner schreibt, nach dem Vergleich zwischen dem «grünen Pflanzensaft» und dem konträren «roten Blut»: «Das alles lasse ich als einen lebhaften Gedanken in meiner Seele erstehen. Dann stelle ich mir weiter vor, wie der Mensch entwickelungsfähig ist, wie er seine Triebe und Leidenschaften durch seine höheren Seelenfähigkeiten läutern und reinigen kann. Ich denke mir, wie dadurch ein Niederes in diesen Trieben und Leidenschaften vernichtet wird, und diese auf einer höheren Stufe wiedergeboren werden.»

Hier müssen wir einen Augenblick innehalten und uns vor Augen stellen, dass wir Menschen, so wie wir im Laufe der Jahrhunderte geworden sind, handeln und leben, nicht im geringsten die Vollmacht haben – hätten –, einen einzigen Gedanken zu spiritualisieren, ein Gefühl zu veredeln oder Willensimpulse zu selbstlosem Handeln zu adeln, wenn nicht in jedem Menschen seit der Zeitenwende eine «Jordantaufe» okkult stattgefunden hätte, als Impuls, als Ferment für «die höheren Seelenfähigkeiten», wovon Steiner spricht. Und, entsprechend *ins praktische Leben* hereingeholt, werden sie uns ermöglichen, nach und nach unsere ganze menschliche Natur eines Tages, wenn auch im Laufe vieler Inkarnationen, gänzlich zu vergeistigen. Das wird aber dann die vollkommene «Einwohnung» Christi in unser Mensch-Sein bedeuten. In der Meditation des Rosenkreuzes wird auf dieses Ziel, wie durch einen Wink, hingewiesen. Denn in dem Augenblick, als das Kreuz zum Symbol des stattgefundenen «Todes», der Vernichtung des Niederen, wie Steiner sich ausdrückt, innerlich aufgestellt wird, wissen wir: Das ist *Vergangenheit.* Wenn dann die sieben Rosen, im Kreis angeordnet, vor uns als Steigerung der Polarität – selbstloser Pflanzensaft und selbstisches Blut – stehen, dann verwandelt sich, wenn auch zunächst unmerklich, leise unser Seelengefüge in das Rosenrot erhöhter Empfindungen und Willensimpulse. Es ist möglich, diese Wandlung zu spüren. Zu spüren eine Kraft, die, fast unmerklich in unseren «höheren Seelenfähigkeiten» wirkend, unser irdisches Bewusstsein mehr und mehr belebt, erhellt und gleichsam auferstehen lässt. Dann fügen wir, wie Goethe in seinem Fragment *Die Geheimnisse* äußert, zu dem Kreuz die Rosen.

Das ist *Gegenwart,* die fortwährend *Zukunft* gebiert.

In diesem Gedicht, das uns zunächst von der Wanderung eines jungen Pilgers zu einem einsamen Ort erzählt, wird die Pforte des Klosters, die sich für Bruder Markus öffnen wird, wie folgt geschildert, und eine Frage wird vernehmbar:

Schon sieht er dicht sich vor dem stillen Orte,
Der seinen Geist mit Ruh und Hoffnung füllt,
Und auf dem Bogen der geschlossnen Pforte
Erblickt er ein geheimnisvolles Bild.
Er steht und sinnt und lispelt leise Worte
Der Andacht, die in seinem Herzen quillt;
Er steht und sinnt, was hat das zu bedeuten?
Die Sonne sinkt und es verklingt das Läuten!

Das Zeichen sieht er prächtig aufgerichtet,
Das aller Welt zu Trost und Hoffnung steht,
Zu dem viel tausend Geister sich verpflichtet,
Zu dem viel tausend Herzen warm gefleht,
Das die Gewalt des bittern Tod's vernichtet,
Das in so mancher Siegesfahne weht:

Ein Labequell durchdringt die matten Glieder,
Er sieht das Kreuz und schlägt die Augen nieder.

Er fühlet neu, was dort für Heil entsprungen,
Den Glauben fühlt er einer halben Welt;
Doch von ganz neuem Sinn wird er durchdrungen,
Wie sich das Bild ihm hier vor Augen stellt:
Es steht das Kreuz mit Rosen dicht umschlungen.
Wer hat dem Kreuze Rose zugesellt?
Es schwillt der Kranz, um recht von allen Seiten
Das schroffe Holz mit Weichheit zu begleiten.

Und leichte Silber-Himmelswolken schweben,
Mit Kreuz und Rosen sich empor zu schwingen,
Und aus der Mitte quillt ein heilig Leben
Dreifacher Strahlen, die aus einem Punkte dringen;
Von keinen Worten ist das Bild umgeben,
Die dem Geheimnis Sinn und Klarheit bringen.
Im Dämmerschein, der immer tiefer grauet,
Steht er und sinnt und fühlet sich erbauet.[60]

Und wir erkennen in dem dreifachen Strahl ein *Denken*, das aus seiner materialistischen Befangenheit in der Ideenwelt als einer konkreten geistigen Welt aufersteht; ein *Fühlen*, das in Empathie und Mitleid seine subjektiv-egoistischen Grenzen erweitert und ein *Wollen*, das reine, faktische Opferwilligkeit geworden ist. Und alles dringt aus einem Punkte, aus dem ein «heilig Leben» quillt.

In dieser stimmungsvollen Szene hören wir die deutliche Frage: «Wer hat dem Kreuze Rosen zugesellt?» Und die Antwort ist ebenso klar.

In den Abschiedsreden Jesu wird unumwunden darauf hingewiesen, woher alle höhere Kraft im Menschen urständet. Dabei wird sogar ein Bild verwendet, dessen höherer Sinn durchaus zu unserer Thematik passt: «Wie die Rebe aus sich selbst heraus keine Frucht tragen kann, sie sei denn durchpulst vom Leben des Weinstocks, so könnt auch ihr es nicht, ihr habt denn die Dauer gefunden in mir. Ich bin der Weinstock, ihr seid die Reben. Wer mit seinem Wesen wohnt in meinem Wesen und mein Wesen in sich wohnen lässt, wird reiche Früchte tragen. Ohne mich aber könnt ihr nichts vollbringen.»[61]

Auf dem Schulungsweg des Rosenkreuzes wird diese Aussage mehr und mehr Seelenwirklichkeit. Die Methode des dreifachen Schriftsinns ermöglicht uns auch hier die Schritte oder Stufen dieser Meditation zu erkennen und zu benennen.

Der ganze Aufbau und das Kreuz mit sieben im Kreise angeordneten Rosen ist der *Leib* dieser gesamten Handlung. Die *Seele* pulsiert in den inneren Bewegungen des Meditanten einerseits und andererseits in der moralischen Verwandlung des selbstischen Blutes in das Rosenrot der Blüten: eine Steigerung, die gleichsam hinter den Kulissen des ganzen Geschehens vonstattengeht. Es entsteht eine reine Opferstimmung.

Denn das «Niedere», wie Steiner betont, muss «vernichtet» werden, muss also durch das «Nichts» gehen. Im Endergebnis ist das auch ein Prozess, der unser Alltags-Ich an der Schwelle zur geistigen Welt ergreift

Es bewirkt hier die Sonne Christi eine Art Auferstehungsmetamorphose. Die «Lichtlemniskate» verbindet, umgestaltend, das Helle mit dem Dunklen, das Kosmische mit dem Menschlichen.

Ein Drittes wird geboren.

Das ist die *geistige Sinnschicht,* die noch mehr offenbart: Der

Kreis als Kraft, die alle Rosen einordnet und umfasst, kann als Bild unseres höheren Ich erlebt werden. Dass er sie ohne physische Stütze hält, weist auf die Tatsache hin, dass die Seelenkräfte, welche in der Siebenheit der Planetensphären urständet, leibfrei geworden sind. Denken, Fühlen und Wollen als allgemeine Bezeichnung sind recht abstrakt, denn wir denken, fühlen und wollen immer inhaltsbezogen.

Wir denken dies und jenes, empfinden freudig oder schmerzlich und handeln im Prinzip immer zweckorientiert. Diese Bezüge stammen aus einer bestimmten Dimension der kosmischen Sphären von Mond, Mars, Merkur, Jupiter, Venus, Saturn und Sonne.[62] Dadurch sind diese Rosen zugleich Okulare zur fortschreitenden Wahrnehmung des Seelisch-Geistigen über uns, um uns und unter uns. Das aber heißt zur Wahrnehmung der darin wirkenden «Ideen», die nach und nach als Wesenheiten von unterschiedlichem Rang und Funktion offenbar werden.

Auch bezogen auf eine zunächst mikrokosmische Meditation, wie es das Rosenkreuz darstellt, geht es um eine ideell-konkrete Erfahrung des Wesens von Trieben, Begierden und Leidenschaften, die unter Umständen auch als Doppelgänger-Wesen imaginativ wahrgenommen werden können, so wie auch andere Eigenschaften. Nun weist Steiner im weiteren Verlauf des Textes darauf hin, dass es sich in Bezug auf die Erweckung von «inneren schlummernden Seelenfähigkeiten» auch um «Versenkungen bloß in Gefühle, Empfindungen usw. handeln» kann. Gewiss nicht das Schwelgen in mystisch-genüsslichen Gefühlen ist hier gemeint, sondern, wie er an anderer Stelle betont, nachdem beispielsweise die «umfassende Idee der Herzensgüte» gebildet wurde, dass es darum geht, «Freude an einer Idee als solcher» zu empfinden. Im Zuge der meditativen

FARBTAFELN

Farbtafel I

Farbtafel II

ILLVM OPORTET
CRESCERE
ME AVTEM
MINVI

Versenkung in eine Idee erleben wir nach und nach gleichsam das Zerbröckeln der Vorstellung, wie sie bisher in uns gelebt hat – ihren «Tod» – und, dank der «höheren Seelenfähigkeiten», ihre Auferstehung. Das bedeutet das langsame Erwachen in das konkret-hierarchische Reich der schaffenden Ideenwelt, die zu der Sphäre des umfassenden Logos gehört. Dennoch muss man wissen, und manch ein Meditant schreckt hier zurück, dass dieser Tod einer Vorstellung, oder «Vernichtung» im Sinne des Zitates aus der *Geheimwissenschaft*, so erlebt wird, dass man sich in einem leeren Seelenraum, verlassen und vereinsamt, empfindet. Ahriman tritt hier an einen heran und sagt: Suche hier nicht weiter, denn es hat keinen Sinn. Dahinter ist das Nichts, das dich verschlingen wird. Es ist das «Nichts», wovon vorhin die Rede gewesen ist.

Wagt man sich hier in die Leere hinein, aber mit der vollen Hingabebereitschaft der Seele zu der betreffenden «Idee», dann geht einem ihre geistige Sonnenkraft auf.

Ähnlich kann es uns ergehen in dem erhabenen Augenblick, wenn das Rosenkreuz seinen Bildschleier fallen lässt: Im Widerklang des eigenen höheren Ichs dämmert die Wirklichkeit des Auferstandenen auf. Es ist aber wie die zarte Erscheinung vor Maria Magdalena, die ihr sagte: «Noli me tangere», rühre mich nicht an. Denn die volle Christus-Erfahrung erlebt man in der Regel erst nach und nach in der Bewährung im konkreten Leben, im Rahmen unserer vielfältigen Beziehungen zu Menschen, Tieren, Pflanzen – zum ganzen Kosmos. Selbstverständlich kann der Christus – wie es auch immer wieder geschieht – in der Form und in dem Zeitpunkt erlebt werden, wie er es selber für den betreffenden Menschen, für seine geistige Zukunft, als schicksalsrelevant ansieht.

Aber jeder kann sich heute frei dazu entscheiden, einen

Schulungsweg zu gehen, um nach und nach in die Sphäre des wahrhaft Lebendigen aufzuwachen, wie es beispielsweise im reinen Denken heute erreicht werden kann. Ein Denken, das in sich Gefühl und Wille hat. Es ist nicht überraschend, dass Goethe beispielsweise unterscheiden konnte zwischen dem toten Denken, das er als «Verstand» bezeichnete, und der lebendigen Gedankentätigkeit, von ihm «Vernunft» genannt. In einem Gespräch mit Eckermann, das der alte Goethe am 13. Februar 1829 führte, äußerte er: «Der Mensch muss fähig sein, sich zur höchsten Vernunft erheben zu können, um an die Gottheit zu rühren, die sich in Urphänomenen, physischen wie sittlichen, offenbart, hinter denen sie sich hält und die von ihr ausgehen.

Die Gottheit aber ist wirksam im Lebendigen, aber nicht im Toten; sie ist im Werdenden und sich Verwandelnden, aber nicht im Gewordenen und Erstarrten. Deshalb hat auch die Vernunft in ihrer Tendenz zum Göttlichen es nur mit dem Werdenden, Lebendigen zu tun, der Verstand mit dem Gewordenen, Erstarrten ...»[63]

Diese Sphäre des Lebendigen, Verjüngenden, ergreift auch unser Fühlen und Wollen, wenn auch jeweils anders nuanciert. Und auch hier, vor der Verwandlung, sind gewisse Schwellenproben zu bestehen.

Ich fasse jetzt einiges zusammen.

Wir haben gesehen, dass bereits der Aufbau der Rosenkreuz-Meditation unser Denken, Fühlen und Wollen in Bewegung bringt. Unsere Vorstellungen beim inneren Gestalten der wachsenden und blühenden Pflanze werden bereits beweglicher und geschmeidiger. Die Empfindungen belebter und intensiver. Der Ich-Wille lenkt alle Denkbewegungen und steigert sich im Festhalten des Kreuzes und im Lauschen dessen, was der Kreis der Rosen, das Zeichen des Kreuzes und die errungene Verwandlung unseres roten Blutes offenbaren.

Das alles gehört auch zu den Bewegungen der drei Strahlen, «die aus einem Punkte dringen».

Wenn nun die *Leere* gleichsam der Abgrund ist, den das Denken überbrücken soll, so ist die Hauptprobe des Fühlens an der Schwelle der Verwandlung die Überwindung der *Ödnis*, die sich einstellt, wenn egoistische Empfindungsgewohnheiten gewissermaßen «vernichtet» werden. Es macht sich in der Seele ein Gefühl des Schmerzes, der Verlassenheit breit. Nur das vertrauensvolle Bewusstsein, dass der «Gute Hirte» auf uns wartet, kann dazu helfen, die Stoßkraft zu entwickeln, unerschrocken Altgewohntes zu opfern. Denn ein anderer Widersacher – Luzifer – möchte uns zur Rückkehr überzeugen, indem er uns das Schöne liebgewordener Empfindungen stark erleben lässt.

Dieses alles gilt nicht nur für die Rosenkreuz-Meditation, sondern für jegliche Bemühung, die Seelenkräfte zu spiritualisieren oder, anders formuliert, sie zu Toren zu metamorphosieren, um die Welt hierarchischer Ideenmächte mit unserem Bewusstsein zu erreichen, sowohl im Inneren als auch in Natur und Kosmos.

In einer Meditation, die wir in Steiners zweitem Mysteriendrama finden, wird darauf hingewiesen, dass im Denken «Weltgedanken» leben. Und im Fühlen, so heißt es, «weben Weltenkräfte».[64] Im letzten Kapitel kommen wir noch darauf zurück.

Freilich ist das alles für jedes Individuum anders, aber das Wesentliche bleibt. Und der Wille hat zunächst mit einer ungeheuren Kraft der Schwere zu tun. Eine Schwere, die einerseits eine Art *Ohnmacht* ist und andererseits Ausdruck von Kräften ist, die in unserem materiellen Körper walten. Diese Schwere wird dann auch gespürt, wenn es sich darum handelt, Übungen regelmäßig zu tun …

Hier hilft nur die Kraft der eigenen Zielsetzung, der Motivation, des Ideals, das ich mit der bestimmten Meditation verfolge, um eine Brücke zu dem kosmischen Willen zu bauen, der im Auferstandenen wirkt.

Insgesamt gesehen stellt die Überwindung der *Leere*, der *Ödnis* und der *Ohnmacht* eine Art «Wandeln auf dem Meer» dar, ähnlich der Probe des Petrus im Nachtbereich.

Bei allen Seelenproben, die im konkreten Leben immer individuell gestaltet sind, entdecken wir eine besondere Ausprägung des «Urphänomens» Schwellenüberschritt. Dieses Urphänomen kann man mit dem Begriffspaar «Stirb und Werde» genau umfassen. Das betrifft Denken und Fühlen, aber ganz besonders den Ich-Willen, der in der totalen Ohnmacht eine Art Tod erlebt, wie an früherer Stelle bereits angedeutet wurde.

Aus den Tiefen der eigenen Körperlichkeit erheben sich Stimmen, die uns in etwa sagen: «Kehr zurück, denn hier waltet nicht nur das Nichts, sondern die Vernichtung deines Ichs … ändere niemals deinen Charakter, die Richtung deines Willens, in dem dein starkes wahres Ich wurzelt.» Die Widersacher verschweigen, dass das, was sie «wahres Ich» nennen, in Wirklichkeit der Ort aller Formen der Selbstsucht ist. Eigentlich eine Feuerschlangengrube aller Egoismen, ob geistig, seelisch oder Körperlich.

Auch diese Probe kann unterschiedliche Intensitätsgrade haben: in der Meditation, im Alltagsleben, vor allem in der sozialen Wirklichkeit. Und der Meditant weiß, dass hier nur der Opferwille unseres Ichs vom spirituellen Feuer des apokalyptischen Christus aufgenommen wird. Es ist wie beim Vogel

Phönix der Sage, der sich in das Opferfeuer stürzt, um verjüngt wiedergeboren zu werden. Dieses Bild webt auch unsichtbar um das Rosenkreuz.

Besonders diese Stufe betrifft das Ich als Lenker aller Seelenkräfte, die sich durch ihre eigene Höhenentwicklung bereits etwas voneinander getrennt haben. Getrennt insofern, als sie sich von dem langsam befreit haben, was in uns auf natürliche Weise, im Laufe unseres Lebens, an festen Eigenschaften sich gleichsam verdichtet hatte. Man kann es in Zusammenhang mit dem gemischten König bringen, wie er in Goethes *Märchen von der grünen Schlange und der schönen Lilie* geschildert wird. Und der Jüngling, der dann Gaben von den anderen drei Königen empfängt, erscheint dort als der Repräsentant des Ichs, das aber davor durch den Tod gegangen war.

Die Könige schenken ihm dann Weisheit für sein Denken – der goldene König. Der silberne begabt ihn mit der Fähigkeit, «Schafe zu weiden», was aber heißt, mit Empathie und einem offenen Ohr für die Bedürfnisse und Anliegen der anderen. Und der eherne König bestärkt die Tatkraft, den Willen des wiedergeborenen Jünglings. Die schöne Lilie, die Fülle der himmlischen Engelchöre, vermählt sich mit ihm als Zeichen, dass sie eine Einheit geworden sind. Durch die Macht reinster Liebe.

Im Grunde genommen weisen die Bilder dieses unausschöpflichen Märchens auf die Signatur einer Einweihung in der Kraft des Rosenkreuzes, das zunehmend zur Rune wird, um in das allgegenwärtige Christus-Mysterium aufgenommen zu werden. Denn das Rosenkreuz als Urbild oder auch als spirituelles Urphänomen ist eine Art Schleier vor dem in Christo auferstandenen Menschen Jesus von Nazareth.

Schon vor der Jordantaufe hatte er seine Seelenkräfte dahingehend spiritualisiert, dass sein umfassendes Denken die Tragödie des Judentums *erkannt* hatte und dass er darunter unsäglich litt – wie beim *Fühlen* der Dekadenz des alten Heidentums. Schließlich, in einer gesteigerten Anspannung seines *Willens,* betrat er den Weg des totalen Opfers seiner Persönlichkeit. Das Opfer auf Golgatha war dann die Oktave seines Ganges zu Johannes, nachdem er letztlich die Hohlheit der höchsten Stufen essäischer Geheimschulung durchschaut hatte.

Der Weg des Jesus wurde der Weg der Menschheit.

Die Sonnenlemniskate stellt die Urbewegung dar, die aus Jesus und dem Christus ein Drittes zur Geburt brachte: den auferstandenen «Menschensohn».

Wie tief Goethe auch das empfunden hat, kommt sehr schön in den Worten zum Ausdruck, die er 1816 in Cottas «Morgenblatt» an «eine Gesellschaft studierender Jünglinge» richtete, in der Absicht, Plan und Zweck seines Fragment gebliebenen Gedichtes *Die Geheimnisse*, wie er sagt, «zu bekennen». Er war 67 Jahre alt. 1784, unmittelbar vor seinem 35. Geburtstag, hatte er mit der Dichtung begonnen und sie «auf einmal in kurzer Zeit auf den Punkt gebracht ... wie man sie kennt». So gibt Goethe in wenigen Strichen das Ziel des Gedichtes bekannt, um auf die Fragen der Studierenden eine entsprechende Antwort zu geben. Gegen Ende erklärt der «Rosenkreuzer»[65] Goethe: «Ereignet sich nun diese ganze Handlung in der Karwoche, ist das Hauptzeichen dieser Gesellschaft ein Kreuz, mit Rosen umwunden, so lässt sich leicht voraussehen, dass die durch den Ostertag besiegelte ewige Dauer erhöhter menschlicher Zustände ... sich tröstlich würde offenbart haben.»[66]

Ja, die Auferstehung als *erhöhter* menschlicher Zustand kann in der Sprache Goethes nur die Metamorphose zum Göttlich-Menschlichen sein, wie sie als Ziel der Menschheitsentwicklung bis zur Apokalypse hin erreicht sein wird. Die majestätische Erscheinung dessen, der tot war und dennoch «das Leben der Welt durch alle Äonen» trägt, ist unser Vorbild, selbst wenn viele Inkarnationen notwendig sein werden, um sich diesem Bilde anzugleichen. Es ist im Grunde genommen die Erfüllung dessen, was die Elohim, die gewaltigen Logos-Träger, als Ziel der Erdenentwicklung vorgesehen hatten.

Es ist auffallend, dass die Stufen der Meditation des Rosenkreuzes eine ähnliche Struktur haben wie die vier Hauptphasen der Messe oder der «Menschenweihehandlung» der Christengemeinschaft. Sie entsprechen den Stadien aller echten Mysterien, welche nach intensiver Schulung die Neophyten zu einer leibbefreiten Kommunion mit der Gottheit führten, die fortan durch sie als Eingeweihte für den guten Fortgang der jeweiligen Zivilisation wirkten.

Diese sind: *Evangelienlesung,* durch welche der Teilnehmer an der Weihehandlung durch das lebendige Wort eine Art Katharsis erlebt. Dann folgt die *Opferung,* das Seelenopfer in Hingabe und Liebe an den spirituell anwesenden Auferstandenen, das zur *Wandlung* der Gaben auf dem Altartisch führt. Und schließlich erfolgt die *Kommunion* durch den Leib und das Blut Christi in den Gestalten von Brot und Wein.

In der Meditation des Rosenkreuzes entspricht der gedankliche Aufbau des ganzen Bildes einer «Lesung», da er sich vornehmlich an das Denken wendet. Über die Stufen der Opferung und der Wandlung des Blutes wurde schon einiges ausgeführt. Man muss dabei bedenken, dass «Wandlung» eigentlich für Transsubstantiation seht, für die Metamorphose des Irdischen in einen spirituell erhöhten Zustand.

Auch auf diesem Wege kann der apokalyptische Christus immer bewusster erlebt werden. Auch hier findet eine Kommunion statt.

Von großer Wichtigkeit ist außerdem zu wissen, dass jeder Mensch, der sich in diesem Sinne verwandelt, auch ein Stück Erde mitdurchlichtet und dass die ganze Kreatur in diesen Prozess nach und nach miteinbezogen wird.

Das hat Paulus in seinem Brief an die Römer wie folgt angedeutet: «Ich meine, dass alle Schwierigkeiten und Leiden des gegenwärtigen Zeitalters belanglos sind gegenüber der Lichtgewalt der Geisteswelt, die sich uns offenbaren will. Rings um uns her wartet alle Kreatur mit großer Sehnsucht darauf, dass in der Menschheit die Söhne Gottes zu leuchten beginnen. Die Kreatur ist der Vergänglichkeit unterworfen, nicht um ihrer selbst willen, sondern um dessentwillen, der sie in die Vergänglichkeit mit hineingerissen hat, und so ist in ihr alles von Zukunftssehnsucht erfüllt. Denn auch durch die Kreaturreiche soll der Atem der Freiheit hindurchgehen; die Tyrannei der Vergänglichkeit soll aufhören. Im Hellwerden der Geistessphäre wird die Unfreiheit abgelöst von der Freiheit, die allen Gottentsprossenen zugedacht ist. Wir wissen, dass die gesamte Kreatur in den Wehen einer Neugeburt leidet und seufzt, bis auf den heutigen Tag. Sie tut es nicht allein; sie tut es mit uns, die wir die Erstlingsgaben des neuen Geistes empfangen haben und doch schmerzvoll dem Geheimnis der Sohnschaft entgegenharren, die für uns, bis in unsere Leiblichkeit hinein, die Erlösung mit sich bringen wird.»[67]

Es wird dann Johannes sein, der von einem neuem Himmel und einer neuen Erde sprechen wird.

Die Stufen des Sündenfalls und seine Erlösung durch die christlichen Jahresfeste

Die Betrachtungen, die in den ersten Kapiteln unternommen wurden, sind ein Versuch, zentrale Ereignisse der Geschichte mithilfe von operativen Begriffen aus Goethes Forschungsmethode zu verstehen. Immer wieder kam auch Goethe selber zur Sprache, denn ich sehe in ihm auch den Forscher, dessen Gedankenart besonders geeignet ist, das Heilsgeschehen an der Zeitenwende und das weitere Wirken Christi mit dem eigenen Bewusstsein zu erfassen. Ich zitierte schon ein Gespräch des bald Achtzigjährigen, das er am 13. Februar 1829 führte und in welchem er auf die Notwendigkeit hinwies, sich zu einer höheren Bewusstseinsart zu erheben, um «an die Gottheit zu rühren», wie sie sich in Natur und Mensch offenbart. Er betonte Eckermann gegenüber, dass die Gottheit im Lebendigen wirksam ist und nicht im Toten; «sie ist im Werdenden und sich Verwandelnden, aber nicht im Gewordenen». Davor hatte der aufmerksame Assistent und Vertrauter die bedeutsame Aussage gehört: «Der Mensch muss fähig sein, sich zur höchsten Vernunft erheben zu können, um an die Gottheit zu rühren, die sich in Urphänomenen, physischen wie sittlichen, offenbaret, hinter denen sie sich hält und die von ihr ausgehen.» Das aber bedeutet, zu den schaffenden Ideen vorzustoßen, welche als Bildekräfte überall in der Erscheinungswelt und im Menschen Wandlungen und Verwandlungen, Polarität und Steigerung, Evolution – Involution zu immer neuen Metamorphosen des Lebendigen führen. Der Christus ist als Logos der Inbegriff aller Ideenwelten und als Auferstandener gleichsam die «Urpflanze», in der alle individuellen Lebenswege zu den Zielen der Erdenevolution urständen. Denn in ihm hat die Menschheit – durch Jesus – eine Durchgöttlichung erfahren sowie die Gottheit eine Menschwerdung. Dieses «dritte» Element ist auch neu für die geistig-kosmischen Engelwelten, die seit dem Mysterium von Golgatha von durchchristeten Menschen – auf welchem Niveau auch immer – etwas empfangen, das sie nicht kennen. Und weil diese «Gaben» – das von Menschen spiritualisierte Denken, Fühlen und praktische Tun – von Christus geheiligt sind, erhalten sie von der Erde gleichsam «Brot und Wein». Eine Substanz, die für ihre weitere Entwicklung selber von großer Wichtigkeit ist.

Auf einen Nenner gebracht sind *Brot und Wein* im Sinne des Rosenkreuzes eine Bildumkleidung für das höchste Gut, das der Mensch im Laufe aller Inkarnationen aus den tiefsten Schichten seines Ichs zu schaffen berufen ist: eine durch Erdenleid, Erdendunkel, Erdentode gereifte Menschenliebe. Diese Liebe kennen die Engelwelten nicht. Gleichsam als kosmische Kinder kennen sie nur die kosmische Liebe: die Liebe, die der Logos-Christus im gesamten geistigen All sonnenhaft-allgegenwärtig in jedem Wesen aufleuchten ließ: als Wesen ihres Wesens.

Die Liebe als Ziel der gesamten Erdenentwicklung wird von Rudolf Steiner in der *Geheimwissenschaft im Umriss,* die in dem Abschnitt über die Einweihung an erster Stelle gerade die Meditation des Rosenkreuzes enthält, mit folgenden Worten geschildert. Er knüpft dabei an die gesamte kosmische Evolution an, die er dort in dem Kapitel «Die Weltentwicklung und der

Mensch» dargestellt hat, wonach die heutige Erde drei Vorstufen gehabt hat: der alte Saturn, die alte Sonne und der alte Mond. Letzterer wird «Kosmos der Weisheit» genannt. Diese Weisheit und die Weisheit, die sich durch Saturn, Sonne und Mond vorbereitet hat, wirkt nun in der Natur und im ganzen Menschen. Die Weisheit der Außenwelt wird, so Steiner, «von dem Erdenzustande an innere Weisheit im Menschen. Und wenn sie da verinnerlicht ist, wird sie Keim der Liebe. Weisheit ist die Vorbedingung der Liebe; Liebe ist das Ergebnis der im Ich wiedergeborenen Weisheit.» Kurz davor hatte Steiner die Bedeutung der geistigen Erkenntnis, der durch sie errungenen Weisheit, mit dem knappen Satz hervorgehoben: «Geistige Erkenntnis wandelt sich durch das, *was sie ist,* in Liebe um.»

In diesem allerletzten Abschnitt der *Geheimwissenschaft* wird auch der Sinn der gesamten Evolution zum Ausdruck gebracht: «Im Menschen der Erde muss diese Kraft der Liebe ihren Anfang nehmen. Und der ‹Kosmos der Weisheit› entwickelt sich in einen ‹Kosmos der Liebe› hinein. Aus alledem, was das ‹Ich› in sich entfalten kann, soll *Liebe* werden. Als das umfassende ‹Vorbild der Liebe› stellt sich bei seiner Offenbarung das hohe Sonnenwesen dar, welches bei Schilderung der Christus-Entwicklung gekennzeichnet werden konnte. In das Innerste des menschlichen Wesenskernes ist damit der Keim der Liebe gesenkt. Und von da aus soll er in die ganze Entwicklung einströmen.»[68]

Ja, alles ist «Samenkorn».

Allerdings ist dieses erhabene Ziel, sowohl zeitlich als auch evolutionsmäßig, noch in weiter Ferne. Denn die Folgen des Sündenfalls, der großen Absonderung von göttlichen Welten, worüber Moses in seiner Genesis berichtet, sind bei Weitem noch nicht geheilt. Das ist unser aller Vergangenheit.

Durch den Auferstandenen haben wir potenziell sowohl Gegenwart als auch Zukunft unseres individuellen Werdens in uns. Der von Steiner genannte Keim entspricht dem, was ich als «Jordantaufe» der Menschheit genannt habe. Das geschah durch die Ereignisse der Zeitenwende als Achse der gesamten geschichtlichen Entwicklung.

In der Inkarnation Christi sahen wir eine gewaltige Involution des Geistigen als Voraussetzung einer neuen Evolution. Die Polarität Christus – Jesus metamorphosierte sich in den Auferstandenen, den Christus der Apokalypse. Das kosmische «Wasser» und das menschliche «Feuer», sein Blut, verwandelten sich in strahlende Rosen, und Maria und Johannes wurden für alle Zukunft die Meister jener Einweihung, welche durch die Meditation des Rosenkreuzes bewirkt wird. Selbstverständlich auch durch alle seriös unternommenen Wege aus der Anthroposophie. Das schließt ebenfalls nicht aus, dass es auch andere Ansätze zur Verwandlung von Weisheit in Liebe geben kann.

Die *Zukunft der Liebe* ist zwar noch recht weit; aber auch die *Vergangenheit der Weisheit*, soweit der Mensch sie zu ergreifen vermag, reicht in fernste Zeiten unserer Evolution. Wir haben hier wieder eine bedeutsame Polarität, die im *gegenwärtigen Christus* ihre Steigerung findet. Aber damals, als der Mensch zuerst vom Baum der Erkenntnis kostete, bedeutete das den Verlust seiner göttlichen Heimat: seine Vertreibung aus dem «Paradies». Die Stufen dieses Abstieges wurden jedoch Stadien der Entfaltung einer freien Persönlichkeit, als Voraussetzung der künftigen Christus-Liebe, die nur in dem Freiraum unseres Ichs wachsen kann. Um diese Entwicklungskurve etwas zu veranschaulichen, möchte ich jetzt auf Bilder der Genesis und auf andere Stellen der Bibel etwas näher eingehen.

Der evolutionäre Bogen, den die Bibel spannt, umfasst einerseits die kosmische Schöpfungsgeschichte, geht über mythische Bilder zu der eigentlichen Historie. Vom Mysterium von Golgatha an, durch Ereignisse wie die Erscheinungen des Auferstandenen, sein Aufgenommenwerden von einer «Wolke» bei der Himmelfahrt im Beisein von Geistwesen, und durch die Bilder des Pfingstfestes erhält die Geschichte bereits wieder den Charakter des Wahr-Mythos.

Dieser Prozess zeigt sich dann in den vielfältigen, rätselhaften Bildern der Apokalypse in größter Vollendung. Da wird die Geschichte wieder kosmisch: Ein neuer Himmel und eine neue Erde erscheinen dem Seherauge des Johannes. Ein Kreis schließt sich: Der Garten Eden wird sich in das himmlische Jerusalem metamorphosiert haben.

In diesem Kreis spielen sich auch Entstehung, Niederstieg und Aufstieg der Menschheit im Werdestrom der Erde ab.

Das Leitmotiv der Evolution ist schlichtweg der Mensch im Spannungsfeld der Mächte des Bösen als Mutterboden seiner Entwicklung zur Freiheit, das aber heißt zu seiner Reifung als ich-bewusstes Wesen in Richtung Erdenziel im Geiste des Auferstandenen. Einmal, dass man versucht, in die Tiefenschicht dieser Geschehnisse anhand der biblischen Bilder einzudringen, entdeckt man eine siebenstufige Skala, eine Leiter, deren unteres Ende im Mysterium von Golgatha zu finden ist. Dieser Endpunkt ist zugleich der Anfang eines neuen Aufstiegs. Die sieben Sprossen werden jetzt symbolischer Ausdruck von christlichen Jahresfesten, die in ihren Hauptmotiven zu Transparenten werden können, die Präsenz Christi im Jahreslauf als Potenz für uns Menschen, die Stufen des Sündenfalls im Inneren und in unserem sozialen Verhalten gleichsam zu erlösen. Dadurch ergänzen sie in wunderbarer Weise den mehr mikrokosmischen Aspekt der Wirkung des Rosenkreuzes.

Methodisch gesprochen werde ich jetzt die sieben «Urphänomene» aller *Trennungen* zuerst anführen und dann versuchen, sie sachgemäß zu deuten. Danach stelle ich ihnen die Grundgebärde der jeweiligen Feste an die Seite, als Urbilder aller *Wiederverbindungen.*

Mehr als diese Gegenüberstellung gleichsam idealtypisch darzustellen, würde den Rahmen dieses Kapitels sprengen. Man nehme sie als Denkanregung an.

Wichtig ist es auch hier zu bedenken, dass in der Realität unserer Biografie beide Bewegungen, – Trennung und Wiederverbindung – vielfältig ineinander verflochten, die individuellsten Formen annehmen.

Also lesen wir in der Genesis: «Und Gott sprach: Lasset uns den Menschen machen, ein Bild, das uns gleich sei ... und Gott schuf den Menschen zu seinem Bilde, zum Bilde Gottes schuf er ihn.»[69] Die Elohim, wie es im Urtext heißt, die mächtigen Geister der Form, wie sie Steiner als einen Aspekt des Logos nennt, schufen im Urlicht das Urbild des Menschen: ein Abbild ihrer schöpferischen Vollmacht, gleichsam Licht ihres Lichtes. Denn nur wer Licht ist, kann Lichtes erzeugen.[70] In diesem vollkommen *ideellen* Zustand war der Mensch wie ein gesonderter Tropfen im ganzen Meer der Gottheit. Sein Bewusstsein war zugleich Einheitsbewusstsein. Und doch war er als «Bild» nicht mehr ganz in Gott.

Die zweite Stufe der relativen Trennung vom tragenden Gottesgrund sehen wir in der Schöpfung des Adam im Stoff der Erde: «Da machte Gott der Herr den Menschen aus Erde vom Acker und blies ihm den Odem des Lebens in seine Nase. Und so ward der Mensch ein lebendiges Wesen.»[71] Durch seine Einkleidung mit Erde entfernte sich der Urmensch etwas weiter von seiner lichten Ursprungswelt. Er war zwar gotterfüllt, denn der

Lebensodem der Elohim durchdrang ihn, dessen androgyne Gestalt noch keine Entbehrung kannte. Er schaute gewissermaßen traumverloren, voll Hingabe zu seinem Gott hinauf, wie ihn Michelangelo in der Sixtinischen Kapelle meisterlich abgebildet hat: Der Abstand der beiden Finger ist zwar gering, aber der Mensch war eine zweite Sprosse hinuntergestiegen. (Farbtafel III) Der wunderbare Garten Eden mit seinen herrlichen Bäumen und dem vierfachen Lebensstrom blieb nicht seine Heimat allein. «Und Gott der Herr sprach: Es ist nicht gut, dass der Mensch allein sei. Ich will ihm eine Gehilfin machen, die um ihn sei … Da ließ Gott der Herr einen tiefen Schlaf fallen auf den Menschen und er schlief ein. Und er nahm eine seiner Rippen und schloss die Stelle mit Fleisch. Und Gott der Herr baute ein Weib aus der Rippe, die er von dem Menschen nahm, und brachte sie zu ihm. Da sprach der Mensch: Das ist doch Bein von meinem Bein und Fleisch von meinem Fleisch; man wird sie Männin nennen, weil sie vom Manne genommen ist. Darum wird ein Mann seinen Vater und seine Mutter verlassen und seinem Weibe anhangen, und sie werden sein ein Fleisch.»[72]

Zwar kann jetzt das erste Menschenpaar im lichten Paradiesgarten sein, aber eine Spaltung des ursprünglichen Menschen hatte unwiderruflich stattgefunden. Eine Zweiheit war entstanden. Frau und Mann standen sich als Ergänzungsbedürftige gegenüber und Gott war bereits etwas mehr in den Hintergrund getreten.

Und prompt meldet sich der Widersacher, der zwar Adam und Eva einen großen Schritt ihres Bewusstseins ermöglicht, welcher jedoch die große Absonderung bewirkte: den Sündenfall. Mit der Vertreibung aus dem Paradies erreichte die Menschheit – im Bilde des ersten Menschenpaares – die vierte Sprosse der Trennung von seiner Heimat im Licht. «Und Gott der Herr sprach: Siehe, der Mensch ist geworden wie unsereiner und weiß, was gut und böse ist. Nun aber, dass er nur nicht ausstrecke seine Hand und breche auch von dem Baum des Lebens und esse und lebe ewiglich!

Da wies ihn Gott der Herr aus dem Garten Eden, dass er die Erde bebaute, von der er gekommen war. Und er trieb den Menschen hinaus und ließ lagern vor dem Garten Eden die Cherubim mit dem flammenden, blitzenden Schwert, zu bewachen den Weg zu dem Baum des Lebens.»[73]

Der Schöpfungsprozess hatte einen tragischen Riss bekommen. Denn, nach der «Genesis» zu urteilen, war der Mensch vom göttlichen Willen abgewichen. Infolgedessen konnte das «Bild» Gottes nicht weiter verwirklicht werden.

Und der Acker wurde verflucht, mit Mühsal wird sich der Mensch von ihm nähren müssen. Dornen und Disteln wird die Erde tragen und im Schweiße seines Angesichts soll er sein Brot essen, bis er wieder zur Erde wird, aus der er genommen wurde. Wir hören noch, wie Adam und Eva Röcke von Fellen bekamen.

Der dreifache Schriftsinn offenbart, neben dem «Fleisch» dieses tragischen Geschehens und der «Seele» – der Ungehorsam, die Sünde, die Strafe – die Tatsache, dass nicht nur die gesamte Erde als Weltkörper einer gewaltigen Verhärtung entgegen ging. Auch die Leiblichkeit der Menschen veränderte sich. Die «Röcke von Fellen» sind ein Bild für die Vergröberung der ganzen menschlichen Natur, die keine Heimatstätte mehr im Geistigen besaß. Das «Böse» hatte zwar Erkenntnismöglichkeiten erschlossen, bewirkte aber zugleich eine fortschreitende Entfremdung von der geistigen Dimension alles Seins und unseres eigenen Wesens. Und das «Böse» wird uns bis an das Ende der Zeiten auf den Fersen bleiben. Also bis in die Gegenwart und weit darüber hinaus. Denn die Folgen des Sündenfalls werden noch lange virulent bleiben.

Diese vierte Stufe ist jetzt die wirksame Mitte der abwärtsgerichteten Stadien unserer Evolution. Die nächsten drei Sprossen bedeuten zugleich die Besiegelung dieser Urtragödie: der Brudermord, die babylonische Sprachenverwirrung und der Golgatha-Hügel.

Ich möchte jetzt ebenfalls in knappen Zügen drei weitere Urphänomene der Trennung schildern.

In der Fremde werden Adam und Eva zwei besondere Kinder geboren, zuerst Kain und dann Abel. Sie waren gar unterschiedlicher Natur.

Kain, der Könner, beherrscht die Kunst, die Erde zu bebauen, aus ihr Nahrung zu gewinnen. Ein prometheischer Zug war in seinem ganzen Wesen. Ihm war eigentlich die Zukunft zugedacht, sollte der Mensch zur Selbstständigkeit im Handeln und Leben kommen. Er war außerdem derjenige, der den Adamfluch verwirklichte: Im Schweiße seines Angesichts musste er sein Brot essen, denn der Acker wurde des Adams wegen verflucht. Stadtgründer wie Henoch, Erzschmiede wie Tubal-Kain gehören zu seinen Nachkommen. Wie konnte sein Opfer nicht angenommen werden?

Abel war im Grunde genommen wie der Bruder des verlorenen Sohnes im Evangelium. Er konnte nur bewahren, in einer Art träumenden Hingabe an Gott. In den Auen des Herrn weidete er seine Herde. Er verwaltete also das ihm anvertraute Gut. Eurythmisch gesehen war sein Wesen wie der Anfangsbuchstabe seines Namens: A, das heißt: vollkommene Offenheit dem göttlichen Willen gegenüber, ohne die «Störung» einer selbstständigen Ichheit. Über eine solche verfügte aber bereits der junge Kain, der nicht nur von Adam stammte, sondern auch *vom Herrn.*[74] In ihm lebte also auch eine göttliche Kraft, die in Kain andere Qualitäten bewirkte. In dem Vortragszyklus *Sprachgestaltung und Dramatische Kunst* spricht Steiner unter anderem von den Konsonanten im Zusammenhang mit dem Ich.[75] Das passt zu dem «K» des Kain-Namens. Aber nur das Opfer Abels wurde vom Herrn angenommen. Warum?

Ich habe lange und oft über diesen Mythos nachgedacht, der vielschichtige Deutungen ermöglicht. Eine mögliche Interpretation dieses Mythos kann man auch gewinnen, wenn der buchstäbliche Sinn und die seelische Ebene des Zornes, der Empörung, außer Acht gelassen werden und wir in Abel und Kain zwei Seiten der Menschennatur erblicken, die auch im Zusammenhang des Rosenkreuzes gesehen werden können.

Der geistige «Sinn» dieser Bilderfolge würde also in Abel ein noch nicht ganz irdisch gewordenes Seelenelement erkennen. Göttlich-orientiert erinnert Abel an die Qualität des grünen Saftes im Rosenstock, so wie sie Steiner in der Schilderung der Rosenkreuz-Meditation deutet. Und Kain, als Ich-Träger im Feuer des Blutes, in dem das Ferment der Selbstsucht wirkte, mahnt uns an die Triebe, Begierden und Leidenschaften, die es zu verwandeln gilt: das ungeläuterte Rot.

Aber das Mysterium von Golgatha, das den Sündenfall, den *Riss* in der Schöpfung heilen sollte, war noch in weiter Ferne.

Also war «Abel» in seiner ganzen träumenden Offenheit damals noch ein zeitgemäßes Seelenelement, das aber mit der Zeit zugrunde ging: Der «Brudermord» geschah, eine weitere Stufe des Sündenfalls. Aber das Kainselement, in dem die künftige Freiheit des Menschen veranlagt war, wurde von Gott in Schutz genommen.

Kain zog nach Nod, dem Land der Heimatlosigkeit jenseits von Eden. Das Land Nod war «gegen Osten». Will uns diese Angabe einen Wink geben? Dass, als die Zeit erfüllt sein wird, eine neue Sonne sich aus dem dunklen Horizont erheben wird, in deren Licht und Wärme Kain und Abel ver-*einigt* sein werden? Im Zeichen des Rosenkreuzes?

Wie auch immer: Eine neue Stufe der Trennung wurde durch einen weiteren, vielschichtigen Mythos ins Bild gebracht: «Es hatte aber alle Welt einerlei Zunge und Sprache.» Das war laut dem Bibelbericht noch so nach der großen Sintflut, nachdem große Völkerwanderungen begonnen hatten. «Als sie nach Osten zogen, fanden sie eine Ebene im Lande Schinar und wohnten daselbst. Und sie sprachen untereinander: Wohlauf, lasst uns Ziegel streichen und brennen … und sprachen: Wohlauf, lasst uns eine Stadt und einen Turm bauen, dessen Spitze bis an den Himmel reiche, damit wir uns einen Namen machen.»[76]

Angesichts dieses Ansinnens, den Himmel zu erreichen, um sich lediglich einen Namen zu machen, verwirrte Gott ihre Sprache, «dass keiner des andern Sprache verstehe».[77]

Diese Hybris, aus dem Egoismus heraus einen himmelshohen Turm zu bauen, zeigt, dass das Ich der Menschen, verhärtet im Ego, eine weitere Stufe der Trennung von Gott erreicht hatte. Der Turm war nicht gewissermaßen als Kirchturm gedacht, sondern als narzisstische Unternehmung, wie man heute sagen würde. Nicht eine Begegnung mit den göttlichen Welten war also mit dem Turm zu Babel beabsichtigt, sondern eine Selbstverherrlichung, die eine Zersplitterung der Menschheit zur Folge hatte. Und als jeder Mensch den anderen nicht mehr verstand, bewirkte das erstarkte Ego Hader, Streit und Krieg.

Diese sechste Stufe war das Zeichen, dass auch die Entfremdung der Menschen untereinander, nicht nur Gott gegenüber, eine weitere Stufe des Sündenfalls besiegelte.

Das siebte und letzte Stadium wurde erreicht, als in Palästina das Licht der Welt, der Sonnenteil aller Kreatur, ans Kreuz geschlagen wurde. In ihrer Ego-Blindheit wussten die Menschen, repräsentiert vom Großteil der Bevölkerung Jerusalems, nicht, was sie taten. Damit war der tiefste Punkt der Gottentfremdung erreicht: Davor hatte Judas den Kelch der Gottvergessenheit bis zur Neige geleert.

Karfreitag und Ostern sind gewissermaßen ein Januskopf der Zeitenwende. Tod und Auferstehung bezeichnen das Ende der kosmischen Involution Christi und den Beginn einer neuen Evolution. Man könnte auch im Sinne Goethes sagen: Zusammenziehung und Ausdehnung. Systole und Diastole. Ab dem Augenblick, als durch das Erdbeben die Grabplatte an die Seite geschleudert wurde und Maria Magdalena im imaginativen Bereich ihren Meister als den «Gärtner» erlebte, wuchs der Auferstandene, in einer geistig-gewaltigen Ausdehnung, zu dem «Vater» als Daseinsgrund der Himmel und der Erde hin, bis zum Empyreum, dem Feuerhimmel. Eine zweite Stufe erleben wir dann zu Pfingsten, als der Auferstandene wie aus dem Empyreum selber über jeden Anwesenden eine Flamme herniedersenken ließ.

Dieses Ereignis ist zugleich der Anfang einer Gnadenwirkung für alle Menschen, die sich im Laufe der Jahrtausende dem Christus-Feuer werden vereinigen wollen. Und es ist tief bedeutsam, wie unzählige Malergenerationen es dargestellt haben, dass Maria im Mittelpunkt dieses Geschehens stand. Denn sie wurde stets als Trägerin des Heiligen Geistes erlebt. Sie war ja auch dabei gewesen, als «Rosen» von der Seitenwunde des Gekreuzigten herunterfielen.

Somit kann die Meditation des Rosenkreuzes an die Seite aller Bemühungen gestellt werden, meditativ zum neuen «Adam», zum Auferstandenen, zu gelangen. Denn er ist auch im Bereich des natürlichen Lebensrhythmus der Erde anwesend. Sein Wandern durch die Jahreszeiten, durch die besonderen Akzente der Jahresfeste, welche durch ihn neu gesetzt wurden, ist zu einem mächtigen Okular geworden, um in das kosmisch-irdische Weben der geistigen Welten erkennend einzudringen.

Rudolf Steiner hat in verschiedenen tief greifenden Vorträgen solche Bezüge dargestellt.[78] Hier wird es sich lediglich darum handeln, diese Akzente im Zusammenhang mit den sieben Stufen des Sündenfalls zu skizzieren. Sind diese Stufen Aspekte der *Trennung*, so stellen die hier gemeinten Jahresfeste Stadien einer fortwährenden *Verbindung* dar.

Hier die jeweiligen Sprossen dieser kosmisch-irdischen Leiter:

↓	↑
1) Bild Gottes	7) Ostern – Himmelfahrt
2) Lebendiges Wesen	6) Epiphanias
3) Trennung der Geschlechter	5) Weihnachten
4) Vertreibung	4) Michaeli
5) Brudermord	3) Johanni
6) Sprachenverwirrung	2) Pfingsten
7) Karfreitag	1) Ostern – Himmelfahrt

Diese Gegenüberstellung kann zunächst verblüffen. Aber bei einem längeren Verweilen bei den einzelnen Motiven hat sie auch etwas Einleuchtendes. Links haben wir die Involution des Christus-Logos bis in die Tiefen des Erdentodes hinunter und rechts die Jahresfeste als neue Evolution, gleichsam als Übungsstätte, die Stufen des Sündenfalls zu erlösen, indem ein Weg gezeigt wird, an dessen Ende der Mensch sich zum vollständigen «Bild Gottes» wird emporentwickelt haben. Übungsstätte in dem Sinne, als es möglich ist, durch das intensive Miterleben des jeweiligen Festes auch Impulse zu bekommen, nach und nach, die Folgen dieser kosmischen Verdunkelung aufzuhellen. Und zwar nicht nur im eigenen Bewusstsein, sondern in unserer Beziehung zum Göttlichen und zu allen Kreaturen der Erde. Selbstverständlich wird jeder strebende Mensch alle diese Stufen ganz individuell-intensiv erleben.

Es ist mir bewusst, dass hier nur ein kleiner Ausschnitt aus der Sphäre der Christus-Wirksamkeit, die eine vielfältige ist, dargestellt wird. Die Mysterien Christi, wie Steiner es einmal aussprach, sind so, dass keine Weisheit der Welt ausreicht, um sie ganz auszuloten. Seine Wirksamkeit ist auch deshalb so vielfältig, weil unterschiedliche hierarchische Wesenheiten ihm gleichsam als Geisteshülle dienen.[79] Dennoch ist jeder Weg, den man geht, um den «in das spirituelle Feuer auferstehenden Christus der Apokalypse» zu verstehen, ein direkter Weg.

Somit wird das Osterfest mit Himmelfahrt zusammen zur Keimlegung einer beginnenden Verwandlung unseres Bewusstseins in Richtung Bildung eines neuen Menschen und dadurch in Richtung einer erneuerten Erde. Bereits im Willensentschluss, einen solchen Weg praktisch zu gehen, wird etwas Totes in unserer Seele aufgelichtet. Wir fangen an, die erste Sprosse aufwärts zu steigen. Im Zuge der Rosenkreuz-Meditation und anderer Übungen wird unsere Gottvergessenheit sich in

Christus-Präsenz umwandeln, in Himmelfahrtsahnungen und Pfingsterwartungen. Der Auferstehungskeim in uns, die Auswirkung unserer «Jordantaufe», verwandelt nach und nach unser Denken, Empfinden und Handeln. Die Trennung von den geistigen Welten, von der «Fülle der Gottheit»,[80] die in Christus wirkt, wird aufgehoben. Eine erste Wiederverbindung wird Realität.

Und dadurch bahnt sich eine neue Möglichkeit an, als weitere Stufe, den Mitmenschen zu verstehen. Denn das können wir eigentlich noch nicht, wie uns die unzähligen Trennungen, Spaltungen und Entfremdungen unserer Zeit täglich vor Augen führen. Der Turm zu Babel ist noch nicht abgerissen bzw. noch nicht zu dem Glockenturm einer geistigen «Ekklesia», einer neuen Menschengemeinschaft, geworden.

Damals wurde zu Babel die Ursprache der Menschen zersplittert. Das von den Widersachern entfachte Ego im Blut der Menschen verdrängte das alte Gemeinschaftsgefühl, wie es durch eine gemeinsame Ursprache getragen war. Das ist auch ein Prozess, der viele Jahrtausende schon die Menschheit auf ihrem Weg zur vollen Individuation begleitet.

Pfingsten, das Urphänomen der Verständigung der Menschen untereinander, wurde Wirklichkeit in der Zeitenwende.

Hier die entsprechende Stelle aus der Apostelgeschichte des Lukas, die ich jetzt in voller Länge zitieren möchte:

«Und als sich die Zeit der fünfzig Tage erfüllte, erwarteten sie in gemeinsamer Andacht den Anbruch des Pfingstfestes. Da ertönte plötzlich aus den geistigen Höhen ein Laut wie das Brausen eines mächtigen Windes und erfüllte das ganze Haus, darin sie versammelt waren. Und es erschienen ihrem Schauen Feuerzungen wie Flammen, die sich zerteilten, bis sie auf einem jeden einzelnen von ihnen zur Ruhe kamen. Und sie wurden alle vom heiligen Geiste erfüllt und begannen, in fremden Zungen zu sprechen; jeder sprach das aus, was der Geist ihm eingab.

Es wohnten damals in Jerusalem Juden, dem Geist ergebene Männer aus allen Völkern unter dem Himmel. Als jene Stimme ertönte, eilten sie in großer Zahl zusammen, und jeder hörte sie bestürzt in seiner eigenen Sprache sprechen. Vor Staunen außer sich, sprachen sie: Siehe, sind nicht alle, die da sprechen, Galiläer? Wie kann es sein, dass wir sie jeder in der Sprache sprechen hören, in welcher er geboren ist: Parther und Meder und Elamiter, Bewohner von Mesopotamien, Judäa, Kappadozien, Pontus und Kleinasien, Phrygien und Pamphylien, Menschen aus Ägypten, Libyen und Kyrene, Römer, die hier wohnen, Juden und Proselyten, Kreter und Araber? Wir alle hören sie in unserer Sprache die großen Taten Gottes verkünden. Alle waren außer sich und konnten nicht fassen, was geschah. Und einer sprach zum andern: Was soll daraus werden? Doch andere sprachen spottend: Sie sind trunken von süßem Wein.»[81]

Durch die Einwohnung des Ich-Feuers Christi in jeden Anwesenden wurde eine tiefe Läuterung des Blutes bewirkt. Ihre buchstäbliche Begeisterung entfachte ein neues Sprachvermögen. Und so hörbar wie Orgeltöne war jene «Stimme»; das heißt, dass das Sprachenwunder auch «dem Geist ergebene Männer aus allen Völkern unter dem Himmel» atmosphärisch ergriffen hatte. Es ist kein äußeres Mirakelgeschehen, und die Sprache, welche die Jünger sprachen, war keine irdische Sprache, wie das «Fleisch» dieser Geschichte suggeriert. Die «Seele» dieser Worte kommt schon dem geistigen, dem «anagogischen» Sinn entgegen. Denn die in dem Raum Versammelten erwarteten in gemeinsamer *Andacht* den Anbruch des Pfingstfestes. Ihre Seelen waren offen, als plötzlich aus geistigen Höhen eine besondere Gnade über sie herniederkam. Zehn Tage davor war der Auferstandene ihren Blicken entschwunden. Ein tiefer Schmerz muss sich ihrer bemächtigt haben. Und eine unsagbare Seeleneinsamkeit. Aber was war der «geistige» Sinn dieser Bilderfolge, die wohl Irdisches zeigt, jedoch durchzogen von rein göttlich-geistigen Vorgängen? Es war das Zeichen einer Metamorphose ihrer Ego-Kräfte, geläutert durch die unendlichen Schmerzen, die sie angesichts der Passion durchlebt hatten. Langsam wuchsen Rosen um das Kreuz ihres Bangens und Hoffens. Eine Ich-Sphäre ergriff ihre Seelen, die im «Logos als Samen» ihre Wurzeln hat. Und die Sprache der Jünger war das Wort vom Urbeginn, aus dem alles entstanden ist, wie das Evangelium des Johannes offenbart. Es war Leben und Licht, das von den Menschen nicht begriffen worden war. Aber die Jünger und die «dem Geist ergebenen» Menschen fingen an zu verstehen. Sie fühlten in ihrer Begeisterung, dass sie Flammen der Liebe und der Weisheit – ihre Feuertaufe – erlebten. Diese Ausstrahlung ihres Wesens teilte sich selber in Feuerfunken mit. Das höhere Wesen der Apostel sprach und das höhere Wesen der anderen verstand. Eine erste Gemeinschaft der Christen bildete sich in dem sonst stillen Raum über dem Grab Davids.

Das war das eigentliche Pfingstwunder: die Bildung einer Menschengemeinschaft im Zeichen und in der Kraft des spirituell flammenden Christus. Im gegenseitigen Verständnis der Menschen innerhalb und außerhalb trennender Wände. Und in Liebe, denn Christus spricht immer diese Ursprache. Alles andere bringt immer Unverständnis hervor.

Kein Bekenntnis-Eifer hatte sie ergriffen, kein Bekehrungs-Fanatismus, sondern der Liebeswille des Auferstandenen, seine Botschaft der Erneuerung aller Dinge und der Überwindung der Todeskräfte allen Menschen zugänglich zu machen. Mit Recht sprach Origenes von der *Apokatàstasis panton,* der künftigen «Wiederbringung aller Dinge» durch den Mensch gewordenen Logos.

Babel und Pfingsten fordern sich gegenseitig wie Hass und Liebe, Krieg und Frieden, Tod und neues Leben in dem Sinne, dass das individualisierte Ich nunmehr neu den Weg zu den Mitmenschen und zu Gott zu finden vermag, ohne seine errungene Selbstständigkeit aufzugeben. Man kann die «Wiederkunft Christi», wovon Steiner oft eindringlich spricht, auch als das Pfingstgeschehen unserer Zeit bezeichnen. Denn, wenn die Entwicklung reinster Menschenliebe die vornehmste Aufgabe unserer Erdenevolution ist, so steht das Pfingstelement gegenseitiger Verständigung an zentraler Stelle. Daher verweile ich hier etwas länger.

Die Pfingstflamme ruht zwar in jedem Menschen. Aber erst ein freier Entschluss des Herzens-Ich kann eine sozial-geistige «Diastole» bewirken. Denn in der Nachfolge der babylonischen Sprachenverwirrung ist unser Ohr taub, unser Ich stumpf geworden. Die Tragik unserer Jahrhunderte bis in die Gegenwart besteht nicht darin, dass mehr und mehr fremde Sprachen an unser Ohr stoßen, sondern dass wir in Gefahr sind, selbst für die Ich-Sprache uns nahe stehender Menschen gehörlos zu werden.

Ich möchte mit einigen Linien dieses soziale Manko umreißen und gleichzeitig einen möglichen Weg skizzieren, eine gewisse pfingstliche Öffnung zu erreichen, wie sie vorhin angedeutet wurde. Natürlich weiß ich, dass es Menschen gibt, die in der großen und in der kleinen Welt bedeutende dialogische Fähigkeiten in diesem Sinne aufweisen. Meine Erlebnisse im Sozialen und meine Erfahrungen in der Arbeitswelt, die unendlich vielen Besprechungen, Kollegiumssitzungen und sonstigen Verhandlungen haben mir jedoch gezeigt, dass hier ein energischer Schritt vorwärts notwendig ist, sowohl in mikrosozialen Zusammenhängen als auch in makrosozialen. Diesen Schritt möchte ich jetzt wie einen Übungsweg anführen, gleichsam als Schlüssel zu dem Innenraum unseres Gegenübers. Es hört sich jetzt zwar wie ein Wortspiel an, aber es ist die deutsche Sprache, die sich so geschmeidig und beweglich verhalten kann, dass uns gewisse Facetten des *Gehörsinns* verständlich werden, ohne große sinnesphysiologische Betrachtungen anzustellen.

Eigentlich haben wir vier Möglichkeiten, diesen so zentralen Sinn zu betätigen.

Zuerst kommt die einfache Fähigkeit infrage, Geräusche zu hören, die wir dann gemäß unserer Lebenserfahrung so oder so interpretieren: der nagende Holzwurm oder die Säge in Nachbars Garten. Oder Musik, oder Stimmen.

Der gemeinsame Nenner ist hier das *Hören* schlechthin.

Zwei oder mehr Menschen sitzen jetzt zusammen und bewegen Lebens- oder sonstige Fragen. Hier kann man zwar, wie man salopp formulieren kann, auf Durchzug schalten – das gibt es bei langen und langwierigen Verhandlungen immer wieder. Aber vorausgesetzt, man geht weiter, dann gibt es als eine erste Intensivierung das *Zuhören.* Hier beginnt die Dynamik eines Gespräches. Man hört zwar zu, um möglicherweise, wie bei Parlamentsdebatten üblich, dem Gegner zu widersprechen. Oder man hat gleich seine Argumente so im Bewusstsein, dass einfach nicht hingehört wird. *Hinhören* ist bereits eine hohe Stufe sozialer Kompetenz: Ich höre hin, um besser oder tiefer zu verstehen. Das Präfix «hin» weist auf Bewegung hin: hingehen, hingeben. Aber noch ist die Wand, die mich vom anderen Menschen trennt, nicht durchbrochen. Erst im *Durchhören* wird das Vibrieren der anderen Seele, ihre Sorge oder ihre Not vernehmbar. Wir überschreiten damit eine konkrete Schwelle.

Selbstverständlich können wir den kompletten vierstufigen Aufbau des Hörens nicht immer im Leben anwenden, vor allem die vierte Stufe nicht. Jedoch könnte letztere in vielen Fällen für eine echte Verständigung als Grundlage eines wahren Friedens schlechthin *der* Schlüssel werden. Im persönlichen wie auch im öffentlichen Bereich.

In der Sprache des Rosenkreuzes ausgedrückt: Etwas vom stumpfen Blut «Babels» würde sich verändern, heller werden.

Ein neues Hörvermögen kann sich daran anzünden. Wie Siegfried einst, würden wir den Drachen geistiger Trägheit überwinden und die wahre Sprache von Mensch und Natur verstehen. Der Wind im Wald, der Ruf des Greifs in der Luft, das Winseln des Hundes werden eine verständliche Sprache. Unser Ich wächst in die wirkliche Welt hinein, denn dort findet er auch seine höhere Dimension.

Wie ein Samenkorn wurde am Karfreitag der Leib des Jesus in die Erde gelegt, und wie ein Same durch die Erdkruste dringen kann, sprengte seine Sonnenkraft die Körperhülle, um in verjüngter Gestalt einen neuen Schöpfungstag einzuleiten. Und diese ganz neue Kraft wuchs mehr und mehr in die Elemente hinein: Wolke, Luft, Feuer. Die Schwere der Erde war überwunden. Der Auferstandene vereinigte sich mit allen Vorgängen und Prozessen der Natur. Als hätte die Welt ihn als ein lebendiges Kleid gleichsam angezogen. Das war zunächst die «Himmelfahrt», das Emporsteigen – als Mensch gewordener Gott – in den im ganzen Kosmos, in der sichtbaren Welt überall geheimnisvoll wirksamen «Vater». So konkret hat es einmal Goethe in einem seiner Sprüche zusammengefasst: «Die Natur verbirgt Gott! / Aber nicht jedem.»

Anders, wenn auch im Zusammenklang mit dem Dichterfürsten, hat es ein einfacher russischer Hirte, Makarij, der in einer

Einsiedelei im Ural lebte, ausgesprochen. Die Malerin Margarita Woloschin schildert diese ergreifende Begegnung in ihren Lebenserinnerungen. Das war im Jahre 1910: «Christus will sein Bild geben, er ist gekommen, um sein Bild zu geben ... Wir Christen ... müssen wissen, dass, seitdem Er auf der Erde gelebt hat, alles – Stein, Wolke, Blume – sein Bild ist.»[82] Diese Schilderung, die vom pfingstlichen Hinhören zur Sprache der Natur geführt hat, und zwar als konkrete Geisterweiterung, hat uns sachte bereits in die Stimmung des Johanni-Festes eingeführt. Denn im Reich des Lebendigen, das überall im Organischen, Seelischen und Geistigen durch Involution und Evolution, durch Polarität und Steigerung, durch Stirb-und-Werde-Stufen führt, ist alles in- und miteinander verflochten. Das war zwar so auch in vorchristlichen Zeiten. Durch Tod und Auferstehung Christi ist das wirkende Urbild, das Urphänomen Lemniskate, der Agens einer neuen Schöpfung geworden. Ihre Quelle im Hier und Jetzt ist *Begegnung.* Genauso wie es einmal der große Martin Buber ausgesprochen hat: «Beziehung ist Gegenseitigkeit ... Die Beziehung zum Du ist unmittelbar ...Alles wirkliche Leben ist Begegnung ... Liebe ist Verantwortung eines Ich für ein Du ... Die Schöpfung offenbart ihre Gestaltigkeit in der Begegnung ... Im Anfang ist die Beziehung ... Der Mensch wird am Du zum Ich.»[83]

Das ist Pfingstgeist.

Im Feuer hochsommerlicher Stimmung wird die pfingstliche Ich-Flamme, mit anderen zusammen, zum Johanni-Feuer. Und das Johanni-Feuer wird Sinnbild einer hohen kosmischen Kommunion mit dem geistigen Urgrund der Welt, der mit dem Auferstandenen eins geworden ist.

Das uralte Sommersonnenwend-Feuer war Ausdruck einer vorindividuellen Gemeinschaft mit dem göttlichen Urgrund, in dem alle Menschenseelen sich gleichsam als unterschiedslose Einheit empfanden.

Im Hochsommer sah man in unseren Breitengraden überall Feuer lichterloh brennen. Durch die suggestive Macht der emporlodernden Flammen wurde die Seele der feiernden Menschen wie entrückt. Denn damals erlebten die «Heiden» Naturereignisse und Elemente ungemein stärker als in unserer gegenwärtigen Zeit, in der wir mehr im Kopf als im Herzen leben.

Aber in jenen alten Zeiten stieg die Seele gleichsam mit den Flammen in den offenen Himmel hinauf. Der einzelne Mensch war noch nicht so individualisiert wie heute, daher konnte er relativ schnell in eine Ekstase kommen, in deren Schwung sein Individualbewusstsein gleichsam erlosch. Er wurde vom Weltgeist aufgenommen und empfand sich für kurze Zeit, wie im Traum, in seiner eigentlichen Lichtheimat. Alle Mitfeiernden wurden zu Schwestern und Brüdern im Schoße der Weltenseele und im Geiste des Weltenvaters.

Kain und Abel waren in Gott eins, denn sie waren eines Geistes, bevor sie in einer Art vorbabylonischer Tragik ein deutliches Bild konträrer Seeleneigenschaften wurden. Irgendwie wurden sie zu Vorläufern der *Vita contemplativa,* des beschaulichen Lebens, und der *Vita activa,* des tätigen Lebens. Denn Abel «beschaute» die ihm ohne sein Zutun anvertraute Herde und «brachte von den Erstlingen seiner Herde und von ihrem Fett»[84] seinem Gott zum Opfer. Kain, wie bekannt, opferte seine mühsam erzeugten «Früchte des Feldes».

Aber in dem Johanni-Feuer hochsommerlicher Sonnenwirksamkeit kann nach der Zeitenwende die eigentliche Erfüllung der vorchristlichen Sonnenwendfeiern erlebt werden. Denn früher war alles Vorbereitung. Johanni kann jetzt unsere gesamte Verfassung erhöhen und uns bereits Erlebnisse zuteilwerden lassen, wie sie Steiner in einigen Wochensprüchen aus dem *Seelenkalender* als Worte für die Meditation schildert. Bei vollständiger Beibehaltung unseres wachen Ich-Bewusstseins. Das kann man gut bei folgenden Versen nachvollziehen, die das Johanni-Fest in seiner tiefsten Schicht, gleichsam programmatisch, ankündigen:

Vergessend meine Willenseigenheit,
Erfüllet Weltenwärme sommerkündend
Mir Geist und Seelenwesen;
Im Licht mich zu verlieren
Gebietet mir das Geistesschauen,
Und kraftvoll kündet Ahnung mir:
Verliere dich, um dich zu finden.

Es ist die Aufforderung ausgesprochen, die eigene Ichbezogenheit in der Hingabe an das Licht, in selbstvergessener Liebe gleichsam zu verlassen, um sich wahrhaftig zu finden. Es geschieht makrokosmisch Ähnliches wie in der mikrokosmischen Meditation des Rosenkreuzes, bei welcher das eigene Ego in den Trieben des ungeläuterten Blutes gleichsam «vernichtet» wird.

Im Rosenrot der sich öffnenden, strahlenden Blüte ahnt dann der Meditant die eigene höhere Zukunft, wie sie sich hier kosmisch zeigt:

Zu sommerlichen Höhen
Erhebt der Sonne leuchtend Wesen sich;
Es nimmt mein menschlich Fühlen
In seine Raumesweiten mit.
Erahnend regt im Innern sich
Empfindung, dumpf mir kündend,
Erkennen wirst du einst:
Dich fühlte jetzt ein Gotteswesen.

Und zuletzt, von Steiner freilassend formuliert und alle individuellen Nuancen und Intensitätsgrade beinhaltend, ereignet sich das Erwachen im Auferstandenen, im Träger des Welten-Ich. Auf der Höhe dieser Erfahrung werden alle Kains und Abels in uns zu höherer Einheit zusammengeführt: der Einheit aller Menschen in Gott. Das bedeutet auch eine Steigerung des Pfingsterlebens, die sich *im unmittelbaren sozialen Verhalten manifestieren will.* Je nach der aufgenommenen Wärme und nach dem eingeatmeten Licht. Denn nur in der Praxis des Alltags kann sich der Fluch des Brudermordes in den Segen einer echten Begegnung metamorphosieren.

Hier der betreffende Spruch:

> Es ist in dieser Sonnenstunde
> An dir, die weise Kunde zu erkennen:
> An Weltenschönheit hingegeben,
> In dir dich fühlend zu durchleben:
> Verlieren kann das Menschen-Ich
> Und finden sich im Welten-Ich.[85]

Die zwei Schleifen der Lemniskate Menschen-Ich und Welten-Ich treffen sich im Kreuzungspunkt. Das Menschen-Ich und das Welten-Ich lassen bereits den künftigen neuen Menschen ahnen: ein Drittes wird erlebbar.

Es handelt sich um eine weitere Form des Phönix-Mysteriums, das seit Ostern als Urphänomen christlich-rosenkreuzerischer Einweihung sich auf verschiedenen Ebenen ereignen kann und in unterschiedlicher Intensität, wie wir auch bereits beim Erleben am Rosenkreuz gesehen haben

Freilich: Diese Momente sind Hoch-Zeiten des Lebens. Sie geben Schwung und Kraft für den Alltag, dürften jedoch nicht, so beglückend-befeuernd sie sind, als dauerhafte Alltagsstimmung angestrebt werden. Das könnte uns der Erde und unseren Erdenpflichten entfremden.

Dazu helfen uns auch der Herbst und Michaeli, ein Fest, das besonders dazu geeignet ist, die Vertreibung aus dem Paradies dadurch rückgängig zu machen, indem wir etwas vom Drachen in uns besiegen und verwandeln. Indem wir nicht in einem ewigen Sommer leben möchten, sondern das Herbe des Herbstes in uns hereinlassen.

Es wird windiger, stürmischer, kühler. Nebelschwaden kriechen durch die Täler. Unbrauchbares Blattwerk fällt ab, wie so vieles, das uns im Sommer erfreute. Die Natur entlässt uns und hofft, dass wir uns im Laufe des Herbstes neu finden und eine neue Kraft in uns entdecken. Der Sommer ist endgültig zu Ende. Der Erzengel Michael, von Steiner das Antlitz Christi genannt und in unverbrüchlicher Einheit ihm dienend, beschwört gewissermaßen eine Krise im Naturganzen herauf.

«Alles Vergängliche ist nur ein Gleichnis», schreibt Goethe am Ende seiner Weltdichtung. Fassen wir den hereinbrechenden Herbst in dieser Haltung auf, dann spiegelt das Geschehen dieser Jahreszeit gleichsam die Situation der heutigen Menschheit ab. Im Sinne Michaels können wir Altes, Althergebrachtes, *bloß* Traditionelles nicht mehr gebrauchen. Es sei denn, es birgt Zukunftskeime.

Die Natur beflügelt uns nicht mehr wie im Sommer. Jetzt hat nur der Flügel, der den Mut aufbringt, Neues zu suchen und zu beginnen, ganz aus eigener Kraft. Das muss nicht mit einer auch äußerlich-räumlichen Veränderung einhergehen. Es geht also nicht um eine Revolution, sondern um Evolution, und sie braucht Wandlungskräfte, die ein richtig gefeiertes Michaels-Fest in uns anregen kann: In Hingabe an die geistigen Sonnenkräfte, wie sie in der Natur und in der eigenen Seele entdeckt werden können. Es ist Michael, der uns den Drachen aller Trägheiten, vor allem der Herzensträgheit, überwinden, ja verwandeln hilft. Denn er ist primär ein Geist der Tat. Ein Michaelsfest, neben dem Moment einer Michaeli-Feier, dürfte auch immer Folgen für das praktische Leben haben.

Es ist dann beispielsweise gut, wenn in dieser Zeit sich Menschen zusammenschließen, um einerseits gemeinsam geistig zu arbeiten oder auch etwas zusammen zu verwirklichen, sei es etwas Kulturelles oder Soziales. Und sie es andererseits in der Gesinnung tun – bei auftretenden Schwierigkeiten –, dass der «Drache» primär in einem selber wühlt. Diese Selbstreflexion ist nicht so einfach, wie es zunächst den Anschein hat.

Ich erinnere mich an eine Aufgabe, die ich, in der Zeit, als ich Waldorflehrer war, mit Eltern und mit Lehrerkollegen zu erfüllen hatte. Ein handfester Streit um Kompetenzfragen war entbrannt. Es ging dann um eine neue Grundordnung, eine Art Leitbild, und um eine neue Satzung. Wir waren am Anfang etwa 30. Nach recht vielen Monaten intensiver Zusammenarbeit gelang der Durchbruch. Das Traurige war nur, dass wir nur etwa 10 Kämpferinnen und Kämpfer geblieben waren. Die anderen, die nach und nach wegblieben, taten es – mehr oder weniger freundlich – mit allerlei Vorhaltungen und Vorwürfen denen gegenüber, die bei der Stange geblieben waren. Die «bösen» waren immer die anderen... Das war jetzt freilich keine freie Michaeli-Aufgabe gewesen. Ich wollte damit nur auf die oft anzutreffende Signatur hinweisen, wenn in sozialen Angelegenheiten der Drache *auch* nicht bei sich gesucht wird.

Hat man aber den Mut zu einer schonungslosen Selbstbetrachtung und begibt man sich auf der Suche nach den Sonnenkräften, die sich unserer Erkenntnis durch geistige Schulung erschließen können, dann betreten wir bereits die Schwelle, die uns von den Welten trennt, derer wir durch den Sündenfall verlustig gingen. Die Michaeli-Zeit ist dafür besonders günstig.

Was geschah damals, als wir den Garten Eden verlassen mussten? Was erzählt uns der Mythos?

Wir aßen verbotenerweise vom Baum der Erkenntnis, und deshalb durften wir uns nicht mehr vom Baum des Lebens ernähren, weil wir durch diese «Sünde» unsere relative Vollkommenheit eingebüßt hatten. Die Früchte des Lebensbaumes hätten uns gewissermaßen unsterblich im Zustand der «Sünde» erhalten. Aber Sündhaftigkeit als Folge des Ungehorsams war zugleich eine Missachtung des göttlichen Gesetzes, das für uns damals vorsah, noch nicht die Augen des Leibes zu öffnen. Durch den Biss in die Frucht des Erkenntnisbaumes verloren wir unsere uns tragende und wärmende himmlische Aura: Adam und Eva wurden dadurch «gewahr, dass sie nackt waren, und flochten Feigenblätter zusammen und machten sich Schürzen», heißt es in der Genesis. Dann fielen wir, bekleidet mit Fellen, aus der Welt der Leichte in die Härte der Schwere, aus dem Bereich des Lebens in die Finsternis des Todes. Selbst die Schlange, die Urheberin der Versuchung, wurde dazu verdammt, auf dem Bauch zu kriechen und Erde zu fressen ihr Leben lang.[86] Diese Stelle weist darauf hin, dass die Schlange, welche sogar die Sprache der Menschen beherrschte, davor nicht zu kriechen brauchte.

Alles in allem verdichtet sich in diesem Mythos eine Entwicklung, deren Anfang in Urzeiten zu suchen ist und deren Auswirkung weit über die Gegenwart hinausreicht. Jede Deutung kann allerdings nur Andeutung sein.

Aber für unsere Betrachtung können wir folgende drei Ereignisse in den Mittelpunkt stellen: die *Erkenntnissünde* durch die

Schlange, der *Verlust des Lebensbaumes* und die *Vertreibung* aus dem Garten Eden mit all ihren Folgen – der Brudermord, Babel und Golgatha.

In direkter – erlösender – Opposition stehen nun Michael und das Fest, das seinen Namen trägt: Michaeli.

Denn Michael, der Erzengel der Sonne als «Quell alles Intellektuellen»,[87] möchte uns helfen, zu einer *reinen* Erkenntnis des Geistigen in Mensch und Natur zu gelangen wie auch zu einer *reinen* Erkenntnis des Göttlichen, damit wir alle Zivilsationsverhältnisse und Kulturaufgaben entsprechend gestalten.

Kurz zusammengefasst: «Da der Mensch nun einmal sündhaft geworden ist – und sündhaft werden heißt eben heruntersinken von der ursprünglichen Höhe –, so kann er nicht die Welt durchschauen, wie er sie sündenlos, wie er vor seinem Falle war, hätte anschauen können. Der Mensch sieht daher die Welt trübe. Er sieht sie nicht in ihrer wahren Gestalt, er sieht sie voller Illusionen und Phantasmen. Er sieht gerade das, was er draußen in der Natur schaut, sieht nicht, wie es ist mit seinem geistigen Hintergrunde; er sieht es in materieller Form, die in Wirklichkeit gar nicht da ist. Das heißt, der Mensch ist sündhaft ... noch heute.» Dann lesen wir, dass Michael immer dahin gewirkt hat, den Menschen zur «Erfassung des Göttlichen auf der Erde in sündloser Form» zu helfen. Auch und besonders heute: «weil die Intelligenz nicht befallen werden darf von der Sündhaftigkeit, weil dieses Zeitalter der Intelligenz benutzt werden muss, um in reiner Intelligenz, frei von der Illusion, zum spirituellen Leben aufzusteigen».[88] Denn der «Drache» möchte die Intelligenz, das Himmelslicht der Menschen, sich aneignen. Von der Versuchung der Schlange, die sich im Laufe der vielen Jahrtausende in einen «feuerroten Drachen» verwandelte, bis zur Apokalypse, in deren Verlauf er von Michael gestürzt wird, zieht sich ein roter Faden: «Und es entbrannte ein Streit in der Himmelswelt. Michael und seine Engel kämpften gegen den Drachen. Und der Drache kämpfte inmitten seiner Engel. Aber seine Kraft versagte, und so fand sich für seine Schar im Himmel keine Wirkensstätte mehr. Es ward gestürzt der große Drache, die Schlange vom Urbeginn, die zugleich diabolischer und satanischer Natur ist, der Verführer der ganzen Menschheit.»[89]

Michael steht jedem Menschen bei, der mutig einen Weg zur Vergeistigung seiner Denkkräfte geht, denn er will uns einen neuen Weg zum Baum des Lebens erschließen: Es ist der Weg, der am Ende der *Geheimwissenschaft im Umriss* geschildert wurde. Ein Weg von der Weisheit zur Liebe aus dem durchgeistigten Herzdenken heraus. Das bedingt auch eine fortschreitende Verwandlung der menschlichen Natur, wie sie bereits im Zusammenhang mit dem Rosenkreuz hervorgehoben wurde. Es ist also Michael der Schwellenhüter zur Welt des Lebendigen: «Als die Gedanken» – infolge des Sündenfalls, möchte man hinzufügen – «den physischen Körper ergriffen, war aus ihrem unmittelbaren Inhalte Geist, Seele, Leben getilgt; und der abstrakte Schatten, der am physischen Leibe haftet, ist allein geblieben. Solche Gedanken können *nur* Physisch-Materielles zum Gegenstande ihrer Erkenntnis machen ... Michaels Sendung ist, in der Menschen Äther-Leiber die Kräfte zu bringen, durch die die Gedanken-Schatten *Leben* gewinnen; dann werden sich den belebten Gedanken Seelen und Geister der übersinnlichen Welten neigen; es wird der befreite Mensch mit ihnen leben können.»[90] Und damit wird auch die «Vertreibung» Vergangenheit geworden sein. Der Cherub mit dem feurigen Schwert lässt den Menschen, begleitet von Michael, im Geiste des Auferstandenen die verloren geglaubte

Ursprungswelt neu betreten. Im Oberuferer Paradeisspiel ist es der Erzengel Gabriel, der die Schwelle hütet.

Hilft also die spirituell erlebte Osterzeit zur Belebung unserer Gesamtverfassung, gleichsam als Frühling der Seele, so lässt uns Pfingsten, in der ansteigenden Jahreshälfte, einen neuen Weg der Verständigung der Menschen zueinander finden. Und Johanni, in dem Licht und der Wärme des Sommers, hilft unserer Seele, sich zum Welten-Ich emporzuschwingen. Aber erst zu Michaeli, wenn die Natur uns nicht mehr Stütze ist, ist der Mensch aufgerufen, die eigentliche Schwelle, die uns vom Geiste trennt, aus eigenster Kraft zu überschreiten. Das ist zugleich Aufgabe unserer Gegenwart, die unter der Impulsierung Michaels steht. Steiner hat verschiedentlich von den inspirierenden Erzengeln im Laufe der Kulturepochen der Menschheit gesprochen. 1879 sei der Beginn einer neuen Wirkenszeit des Sonnenerzengels Michael, die etwa 350 Jahre dauern wird.[91]

Somit wären die drei vorhin erwähnten Ereignisse – die *Erkenntnissünde*, der *Verlust des Lebensbaums* und die *Vertreibung* – im Sinne des Michaelsfestes im Prinzip erlöst. Es darf dabei betont werden, dass es keine *reine* Möglichkeit gibt, diese Schwelle auch teilweise zu überschreiten, wenn nicht davor die Auseinandersetzung mit den Drachenkräften stattgefunden hat.

Im Grunde genommen gilt dasselbe auch im Rahmen der Rosenkreuz-Meditation: Im trüben, dunklen Blut der egoistischen Triebe, Begierden und Leidenschaften und ihres Gefolges von Lüge, Verrat und Gewalt herrscht der Drache. Und in der Kraft, die sachte und sicher das Blut durchhellt und verwandelt, wird auch Michael erkennbar.

Eines der farbigen Fenster im Goetheanum-Bau in Dornach bei Basel, und zwar das große Fenster im Westen, ist meines Erachtens aus der Dynamik des Rosenkreuzes heraus entstanden. (Farbtafel IV) Es wird das überlebensgroße Antlitz eines schauenden Menschen gezeigt, dessen geistige Wahrnehmungsorgane unter der Wirkung von Engelwesen zur Entfaltung kommen. Links vom Betrachter schaut ein Mensch an der Schwelle der geistigen Welt auf drei Ungeheuer herunter, die aus der Tiefe steigen. Auf der rechten Seite ziehen sich die drei hässlichen Wesen – unsere unerlösten Seelenkräfte – zurück: Der Mensch, der ein Schauender geworden ist, erlebt die geistige Sonne. Unter dem Antlitz, in der Mitte des Fensters, sieht man Michael und den Drachen. Kampf, Überwindung und Erleuchtung bringt dieses Fenster, das ganz rot ist, zum Ausdruck. Das Fenster ist bekanntlich nicht bemalt. Es ist eine große Glasfläche, die kunstvoll geschliffen wurde. In die rote Glasmasse wurde auch Gold hineingearbeitet. Ihre Wirkung ist sehr stark, besonders wenn an einem klaren Tag die Sonne untergeht. In meinen Augen wollte hier Rudolf Steiner, der das Motiv entworfen hatte und das von der Künstlerin Assja Turgenieff ausgeführt wurde, das Rot des Rosenkreuzes dargestellt haben. Die sinnlich-sittliche Wirkung dieser Farbe, um es mit Goethe zu sagen, bringt einen geradezu auf diesen Gedanken.

Ich habe mich jetzt auch über diese Thematik etwas länger aufgehalten, weil sie heute besonders aktuell ist. In einem späteren Kapitel komme ich noch darauf zurück.

Nun habe ich vor der Vertreibung aus dem Garten Eden die Trennung der Geschlechter erwähnt: als Spaltung des einheitlichen Menschen, der fortan nicht mehr ausschließlich Gott-orientiert war. Damals hieß es: «Darum wird ein Mann seinen Vater und seine Mutter verlassen und seinem Weibe anhangen, und sie werden sein ein Fleisch.»[92]

Nun, wie ist die Beziehung des Weihnachtsfestes zu diesem

ebenfalls folgenreichen Geschehnis aus der Urzeit der Menschheit?

Ohne die Begriffe allzu sehr zu pressen, könnte man folgende Gedanken entwickeln:

Zunächst liegt die Beziehung zwischen der Geschlechtertrennung und Urweihnachten nicht so auf der Hand, wie beispielsweise zwischen Babel und Pfingsten oder Michaeli und dem Sündenfall. Deshalb, bei der Vielschichtigkeit biblischer Motive, ist es notwendig, gleich den Gesichtspunkt zu bestimmen, unter welchem dieses bestimmte Ereignis angeschaut werden soll.

Bei der Geschlechtertrennung wird der Urmensch, Adam, gleichsam in zwei Hälften gespalten. Erst dann kann man von einem «Mann» und von einer «Frau» sprechen, denn der ursprüngliche Name hängt mit dem hebräischen Wort *Adamah* zusammen, dem Wort für Erde. Adam ist also lediglich der aus der Erde stammende Mensch.

Vor der Spaltung seines Wesens war er Androgyn. Kein anderes Wesen in seiner Umgebung verminderte sozusagen seine totale Hingabe an Gott, den Schöpfer und Träger seines Lebens und seiner Seele. In den Schilderungen *Aus der Akasha-Chronik*[93] weist Steiner darauf hin, dass der Ursprung des Menschen bis zur langsamen Trennung der Geschlechter sehr lange Zeiträume in Anspruch genommen hat. Auch bei manchen Bildern der Apokalypse muss man bedenken, dass sie gleichsam gewaltige Abbreviaturen von Geschehnissen sind, die sich nicht von heute auf morgen abspielen. Das gilt auch ganz besonders für die Bilder der Genesis und für andere Szenen aus der Heiligen Schrift.

Und so haben wir in Urzeiten der Erdenentwicklung vor der Geschlechtertrennung ein ausschließlich gottzugewandtes

Wesen, so wie Adam in der Darstellung von Michelangelo in der Sixtinischen Kapelle, nur Gott vor sich sieht. Der Künstler zeigt uns unter dem wehenden Mantel Gottes, der herabzuschweben scheint, auch die künftige Gefährtin. Das änderte sich erst, als Frau und Mann sich gegenüber standen. Die göttliche Welt geriet dadurch etwas in den Hintergrund, sonst wäre die Versuchung durch die Schlange nicht möglich geworden. Also wird sich Eva mit Adam verbinden und, wie es deutlich heißt, «ein Fleisch» werden, damit lediglich eine *erste Ebene* ihrer Verbindung andeutend: Daraus wurden zuerst Kain und Abel geboren.

Nun entwickelten sich die Geschlechter durch alle weiteren Stationen des Abstiegs. Viel menschliche Erfüllung und Tragik, viel Inspiration und Destruktion, viel Liebe und Hass sind dank dieser Spaltung entstanden. Bis in unsere zerstrittene Gegenwart, die oft vom Kampf der Geschlechter spricht.

Im Lichte des Auferstandenen gesehen, der als Heiland alles Getrennte, Zerbrochene heile macht, ist hier die *Liebe* aufgerufen, die Wunde der Ur-Teilung zu schließen.

In Urzeiten wurden Frau und Mann die Träger des Fortpflanzungsstromes, indem sie fruchtbar wurden und sich vermehrten. Das war und ist noch ein göttliches Geschenk: ihresgleichen zu erzeugen. Aus der körperlichen Wiederverbindung zweier Polaritäten, so kann man es auch formulieren, entsteht ein Drittes, Zukünftiges: das Kind.

Dass das «Fleisch» nicht mehr trägt, um eine lebendige *Beziehung* aufrecht zu erhalten, zeigen deutlich genug die hohe Scheidungsrate der Gegenwart mit den unseligen Spaltungen, in die auch die Kinder einbezogen werden. Das ist nicht neu, gewiss, zumal sich auch ein Erbstück aus Babylon darin zeigt.

Und das wird auch so lange der Fall sein, bis wir ein neues

Ziel erreichen: nicht allein ein «Fleisch», sondern eine *Seele* zu werden. Auch hier wird ein «Drittes» geboren, das aber übergeschlechtlich ist: Die lebendige Kommunion zwei sich liebender Wesen, die gewissermaßen eine Einheit bilden. Es ist eine ganz reale geistige Geburt im Geiste desjenigen, der bei der Hochzeit zu Kana frisch geschöpftes Wasser in Wein verwandelte. Denn der alte Wein, als Bild des gemeinsamen Blutes – des «Fleisches» –, das durch die Generationen fließt, hatte keine gemeinschaftsbildende Kraft mehr. Anders formuliert heißt es, dass fortan der Sonnengeist Christus die neue Quelle aller Gemeinschaften ist.

Der gleiche Geist, der auf Golgatha in Jesus Wasser und Blut in Rosen verwandelte, gibt uns die Vollmacht, Getrenntes zu verbinden, auch im Falle der Urbeziehung zwischen allen Evas und allen Adams der Weltgeschichte. Es handelt sich um eine spirituelle Aufhebung der Geschlechtertrennung.

Deshalb kann man das Bild der heiligen Familie zu Weihnachten, des Paares, aus dem der Christusträger geboren wurde, auch als Sinn-Bild einer erfüllten Wiederverbindung erleben. Als Sinn-, aber vor allem als Urbild aller schöpferischen Beziehungen zwischen Frauen und Männern, ob sie verheiratet sind oder nicht, ob sie zu Eltern geworden sind oder nicht. Im Bestreben oder gar in der Realität einer wahrhaftigen Seelen-Kommunion wird immer etwas Neues geboren, ein «Geisteskind»: eine vertiefte Gemeinsamkeit, ein vertieftes Familienleben, oder auch eine Geistestat im Sozialen, im Künstlerischen, in der Erkenntnis: Überall, wo Zukunft gestaltet wird.

Freilich kann es auch partnerschaftliche, soziale «Missgeburten» geben. Denn nicht alle Menschenverbindungen sind zum Wohle der Welt da. Biblisch gesprochen denke man an Ahab und Isebel aus der Elias-Zeit, an Herodias und Herodes in der

Zeitenwende oder an Klingsor und Iblis aus dem Sagenkreis um den Heiligen Gral.

Aber das Bild des Josef und der Maria, die eine «Seele» wurden, ist ein sprechendes Beispiel der verschiedenen Wesensvereinigungen in der Kraft des *Heiligen Geistes:* in beiden Geburten, im Tempel zu Jerusalem, in der geistigen Vereinigung beider Marien, in der Geburt am Jordan und schließlich zu Pfingsten. Denn es war der Heilige Geist, der die Fähigkeit vermittelte, alle Sprachen zu verstehen. Jesus selber sagte, bevor er gefangen genommen wurde, dass er den Heiligen Geist senden würde.[94]

Und bereits in dem Augenblick, in dem ich bereit bin, nicht nur *zuzuhören,* wie es im Zusammenhang mit dem Pfingstfest angedeutet wurde, sondern auch *durchzuhören,* was in der anderen Seele sich abspielt, da spannt die helle Taube über unseren Häuptern ihre großen Flügel aus. Denn wo zwei oder drei in seinem Namen zusammen sind, da ist er in ihrer Mitte.

Anders formuliert: Ohne *bewusste Zuwendung,* die ein Ferment schöpferischer Liebe ist, kann heute keine Beziehung auf die Dauer Bestand haben. Und immer wieder kann sich das Wunder einer Verbindung zweier Seelen ereignen. Denn Zuwendung ermöglicht Achtung, erweckt Verantwortung und erschließt eine Quelle von Liebe, die zum Segen für die ganze soziale Umwelt wird.

Das alles liegt verborgen im Bilde des weihnachtlichen Geschehens, wenn wir es im Sinne des Auferstandenen anschauen, in der Kraft, die uns hilft, eine weitere Sprosse der Leiter höher zu steigen, möge das Ziel der Vollendung noch ferne sein.

Die nächsten Jahresfeste, Epiphanias und erneut Ostern und Himmelfahrt, als weitere Metamorphosen betrachtet, werden uns noch tiefere Stufen der Christus-Einwohnung im Menschen zeigen, wie sie im Sinne dieser Schrift gemeint ist.

Bei allen diesen Stadien der Verwandlung unseres Mensch-Seins im Geiste des Rosenkreuzes müssen wir immer bedenken, dass ihre Qualität für unser persönliches Leben – was Höhe und Intensität anbelangt – äußerst individuell ist. Manches kann blitzartig geschehen und manches andere erst die Frucht einer jahrelangen Ausreifung. Unsere Möglichkeiten reichen von der fernen Ahnung bis hin zur Erfüllung.

Schauen wir jetzt die Polarität *lebendiges Wesen – Epiphanias* an.

Der von Gott, von seinem Odem erfüllte Adam war aus der Substanz der Mutter Erde heraus entstanden. Der Atem Gottes, als Ausdruck des lebendigen Geistes, begabte den Menschen dahingehend, dass er die Stimme seines Schöpfers hören konnte und den Sinn seines ersten Gesetzes verstand, das erst nach der Geschlechtertrennung übertreten wurde. Gott-ergeben, Gott-hingegeben, Gott-erfüllt war der Urmensch im Zustand kosmischer Unschuld. Ein vierfacher Strom bewässerte diesen Garten des ewigen Lebens, in dem allerlei Bäume wuchsen und in dessen Mitte die beiden Bäume des Lebens und der Erkenntnis des Guten und des Bösen standen. Nach und nach ereignete sich der Abstieg der Menschheit bis zur totalen Seelenfinsternis auf Golgatha. Von der Biografie des Jesus von Nazareth aus angeschaut, hatte der Sohn der Maria, als er sich auf den Weg zum Jordan machte, bereits eine höchstmögliche Vollendung seines Menschentums erreicht. Seine große, einsame Seele litt unsäglich an den Fall der Menschheit, den er besonders in der Geistferne des Judentums, in der Dekadenz heidnischer Mysterientraditionen und in der Erdenferne der Essäer erlebt hatte. Als die Taufe im Jordan stattfand, im Zeichen der Taube, geschah eine wunderbare Umkehrung dessen, was in Urzeiten mit der Erschaffung Adams geschehen war.

Dort drang der Atem, der Geist Gottes in die erste, erdengeborene, leibliche Hülle hinein. Hier senkte sich der Logos-Christus in die seelisch-leibliche Hülle eines Menschen hinein, der zu einer neuen Unschuld aller Seelenkräfte gelangt war. Dort, zu der Zeit paradiesischen Ursprungs, bewässerte ein Strom, gleichsam von außen, das Land des ewigen Lebens. Hier heißt es, als Christus einmal müde von einer Wanderung war und sich auf den Rand des Jakobsbrunnens in Samarien gesetzt hatte:

«Da kommt eine samaritanische Frau, um Wasser zu schöpfen. Und Jesus spricht zu ihr: Gib mir zu trinken! Seine Jünger waren fortgegangen, um in der Stadt zu kaufen, was zum Essen nötig war. Da sagt die samaritanische Frau zu ihm: Wie kannst du als Jude von mir, einer Samaritanerin, einen Trunk erbitten? Die Juden mieden nämlich jeden Umgang mit den Samaritanern. Jesus antwortete: Wüsstest du etwas von der Kraft, die Gott uns gibt, und kenntest du den, der zu dir spricht: gib mir zu trinken, du würdest ihn bitten, und er würde dir das Wasser des Lebens geben. Da spricht sie: Herr, du hast nichts zum Schöpfen, und der Brunnen ist tief. Woher willst du das lebendige Wasser nehmen? Bist du denn größer als unser Vater Jakob, der uns diesen Brunnen gab und selbst mit seinen Söhnen und seinen Herden daraus trank? Jesus antwortete ihr: Jeder, der von diesem Wasser trinkt, wird von Neuem dürsten. Wer aber von dem Wasser trinkt, das Ich ihm gebe, dessen Durst wird für diese Weltenzeit gestillt. Das Wasser, das Ich ihm gebe, wird in ihm zu einem Quell des Wassers werden, das in das wahre Leben strömt.»[95]

Und an einer anderen Stelle: «Wer durstig ist, der komme zu mir und trinke! Wer sich im Glauben mit meiner Kraft erfüllt, von dessen Leibe sollen, wie die Schrift sagt, Ströme von Wasser des Lebens ausgehen.»[96]

War der Blick Adams damals in Gott versunken, so wurde am Jordan Jesus von Nazareth Gott-erfüllt. Das geschah zu Epiphanias, dem Fest der «Erscheinung» Gottes, womit der 6. Januar gemeint ist, der gemeinhin als Dreikönigstag bekannt ist. Urchristliche Jahrhunderte haben das Weihnachtsfest nicht am 25. Dezember, dem Geburtstag Jesu, begangen, sondern am 6. Januar, dem Tag der irdischen Geburt des «Gottessohnes».

So wie Geistesmut zu Michaeli hilft, die Schwelle zu überschreiten, ist jetzt ein weiterer Schritt über die Schwelle vonnöten, wollen wir unsere unbewusst empfangene «Jordantaufe» ins Bewusstsein heben: Eine Christus-Einweihung der intimsten Art. Zu dem Geistesmut treten hinzu Seelenqualitäten, die, wie stark sie in uns auch sein mögen, einer großen Vertiefung fähig sind.

Zuallererst, wie wir im Johannes-Evangelium gelesen haben, gilt es, sich mit seiner «Kraft» zu erfüllen. Die Voraussetzung dazu ist im Sinne Christi zunächst der Glaube, die Kraft einer tiefen, inneren Gewissheit, dass Jesus der Sohn Gottes ist. Dann, wenn wir an die Eigenschaften denken, die an Jesus bereits vor der Jordantaufe sichtbar wurden, werden uns weitere Hinweise gegeben: Hingabe und Gott-Ergebenheit. Letztere nicht als passives Hinnehmen eines nichtverstandenen Gotteswillens, sondern als Erkenntnisfrucht eines in Freiheit schreitenden Menschen in seinen Bemühungen, Weisheit in praktische Liebe umzusetzen, wie oft man auch versagt haben mag.

Rudolf Steiner sprach einmal über die Entwicklung der Bewusstseinsseele Worte, die man hier hinzufügen kann. Denn oft wird Bewusstseinsseele mit bloßer Verstandesschärfe verwechselt, statt sie als eine weitere Stufe eines gesund ausgebildeten Denkens zu betrachten. In einem Vortrag vom 28. Oktober 1909 finden wir folgende Aussagen: «Aber auch der Wille kann sich durchströmen mit einer Kraft, welche hinausgeht nach dem unbekannten Übersinnlichen, bevor das Denken an dieses Übersinnliche heran kann. Diejenige Eigenschaft des Willens, durch welche der Mensch die Ziele und die Absichten des Unbekannten ausführen will in seinem Willen, bevor er dieses Unbekannte umfassen kann mit dem Licht des Gedankens, das ist Ergebenheit in dieses Übersinnliche. So kann der Wille entwickeln die Ergebenheit in das Unbekannte, das Gefühl kann entwickeln die Liebe zum Unbekannten; und wenn sich beide vereinigen, Ergebenheit des Willens in das Unbekannte und Liebe zu diesem Unbekannten, dann entsteht durch ihre Vereinigung dasjenige, was wir im wahren Sinn des Wortes Andacht nennen ... So wird Andacht zum Erzieher der Bewusstseinsseele ... Die Andacht soll aus dem Ich herausströmen, und zu dem Ding hinströmen, das erkannt werden soll.»

Dann heißt es an einer anderen Stelle: «...durch die Andacht werden hinaufgehoben des Menschen dunkle Gefühle und Triebe ... Die Seele, die sich in Andacht erzogen hat, wird ihre dunkle Sympathie und Antipathie, ihre dunklen Lust- und Unlustgefühle läutern zu dem, was man nennen kann: Gefühl für das Schöne und Gefühl für das Gute ... Andacht ist die Selbsterziehung der Seele von den dunklen Trieben und Instinkten, von den Begierden und Leidenschaften des Lebens zu den moralischen Idealen des Lebens. Andacht ist etwas, was wir wie einen Keim in die Seele hineinsäen: und er geht auf.»[97]

Alles ist wirklich Samenkorn, zumal wir in diesen Passagen eines sehr zu Herzen gehenden Vortrags die spirituelle Ethik der Rosenkreuz-Meditation wiederfinden.

Damit wären einige Bausteine zum Verständnis der Beziehung zwischen der Erschaffung Adams als lebendiges und beseeltes Wesen und der Jordantaufe als Beginn der Erschaffung des «neuen Adams» zusammengetragen: Die sechste Sprosse der Himmelsleiter.

Und jetzt kommen wir zu einem tieferen Verständnis dieses «neuen» Menschen als Sinnerfüllung unserer Existenz.

Wir erinnern uns: Die Elohim, Träger des alles durchdringenden, schöpferischen Logos, formten den Menschen, ein Bild, das ihnen «gleich sei», wie es in der Genesis heißt. Im Urzustand der Gott-Erfüllung war er als androgynes Wesen, einfach ein «Bild» der Gottheit, ohne ein eigenes Ich, also ohne Selbstwahrnehmung und Selbstreflexion. Erst nach der Trennung in zwei Geschlechter und nach dem «Biss» entdeckten Adam und Eva, dass sie «nackt» waren. Das aber heißt, dass sie auch keine richtige Wahrnehmung der Welt um sich herum hatten. Umso mehr war das beim Ur-Adam der Fall, der in der Lebensfülle der ersten Schöpfung gänzlich aufgenommen war und welcher nie nach der Erkenntnis dessen gestrebt hätte, was gut und böse ist. Denn schon diese Frage setzt eine Art Ich-Einschlag voraus. Dann kam die stufenweise Vertreibung und nun strebt das Menschenwesen als Ich-Träger, wie ein verlorener Sohn, wieder zu den Reichen des «Vaters» zurück, aus dessen Höhen, begleitet von der Taube des Heiligen Geistes, sich der Logos-Christus der Menschheit zugewendet hat. Und wer Christus sah, sah bereits auch den Vater, wie er einmal Philippus gegenüber äußerte.

Dank dem Auferstandenen, der eine neue Schöpfung aus der lemniskatischen Metamorphose *Gott – Mensch* ist, kann jeder, der es will, nach und nach in sich das Ur-Bild Gottes verwirklichen. Dann «west» er, neu, in Gott. Das wird *seine* Himmelfahrt bedeuten, wie ich sie am Anfang dieses Kapitels als letzte

Sprosse des Aufstiegs gegenüber der ersten – *Bild Gottes* – angeführt habe: Eine höchste Stufe der Einweihung.

Ich wies schon auf das Rosenkreuz hin als einen Schlüssel zu dieser ganzen Metamorphose. Die kurzen Betrachtungen zu den Jahresfesten als Erlösung und Verwandlung des «Sündenfalls» haben weitere, wesentliche Schritte auf dem Weg der «Wiederbringung aller» gezeigt. Stufe um Stufe kann der Mensch zu einer höchsten Selbstverwandlung steigen. Geisteswissenschaftlich gesprochen, handelt es sich um eine Vergeistigung seiner Wesensglieder, wie sie beispielsweise von Steiner in seiner *Theosophie* aus- und ineinander gegliedert werden:[98] Der physische Leib als materielle Grundlage, der Lebensleib als Träger aller Lebensprozesse und der Astralleib mit den Kräften des Denkens, Fühlens und Wollens. Im Mittelpunkt steht das werdende Ich in seinem Ringen um Spiritualisierung, um Verwandlung des Astralleibes in Geistselbst, des Lebens- oder Ätherleibes in Lebensgeist und des physischen Körpers in Geistesmensch. Denn alle diese «unteren» Wesensglieder waren im Laufe der Jahrtausende – spirituell gesehen – zu jener Finsternis geworden, in die das Licht des Logos-Christus hineinschien, wie uns Johannes berichtet. Erst durch die Auferstehung war die Macht anwesend, um sie in die höheren Aspekte der Menschennatur zu metamorphosieren.

Wir haben gesehen, wie der Mensch Jesus nach und nach sich in Christus verwandelte und wie der Logos zugleich sich im Menschen Jesus ganz darlebte.

Die Hauptphasen dieser Metamorphosen, nach der *Versuchungsszene* als Ich-Prozess, sind das *Wandeln über das Meer* gewesen, als Beherrschung elementar-astralischer Kräfte. Dann kam die *Verklärung* auf dem Berge Tabor als ein Zeichen, dass die Lichtkräfte des Ätherleibes sich mit der Sonnenkraft des

Christus durchdrungen hatten. Die Zeit ab *Ostern* besiegelte die Bildung des Jesus-Leibes in den Geistesmenschen, in den Auferstehungsleib als neue Schöpfung in Richtung eines neuen Himmels und einer neuen Erde.

Im Geistesmenschen vollendet sich der Mensch Jesus und, dank dem neuen Adam, kann auch jeder von uns am Ende der Zeiten seine Entwicklung vollenden. Die Jahresfeste, als Leiter betrachtet, sind dadurch wie Urbilder, Urphänomene unseres individuellen Aufstiegs im Laufe der Jahrtausende.

Das Bild einer neuen Jakobsleiter ist auch hier geistig korrekt. Es hieß ja: «... Und ihm träumte, und siehe, eine Leiter stand auf Erden, die rührte mit der Spitze an den Himmel, und siehe, die Engel Gottes stiegen davon auf und nieder. Und der Herr stand oben ...»[99]

Der geistige Schriftsinn liest im Bild der Leiter, wo die Engel Gottes daran auf und nieder steigen, die verschiedenen Wesensglieder Jakobs, die wie bei jedem Menschen, einem hierarchisch-kosmischen Ursprung ihr Dasein verdanken. Diese geistigen Wesenheiten bleiben mit den Menschen verbunden und begaben sie mit den unterschiedlichsten Bildern, Inspirationen und Intuitionen. Jeder von uns hat also in sich eine «Leiter», womit Engelwesen in den Tiefen unserer Seele präsent sein können. Selbstverständlich, um im Bild zu bleiben, haben auch die Mächte des Bösen ihre Stufen zu den Kellerräumen unserer Seele.

In der *Geheimwissenschaft im Umriss*, einem Buch, das ganz aus der Spiritualität des Rosenkreuzes heraus geboren ist, kann man die einzelnen Stadien der Schöpfung im Zusammenhang mit dem gleichzeitigen Werdegang von Engelhierarchien verfolgen.

Diese hierarchischen Wesen begleiten und durchdringen die

Menschheit weiterhin. Unser Ich gehört zu einer der oberen Sprossen, wo wir wie Jakob bereits die «Stimme Gottes», des «Vaters», hören können. Es handelt sich dann um die bereits erwähnte Stufe der «Himmelfahrt», die, wie bei allen bisher geschilderten geistigen Erfahrungen, in verschiedenen Intensitätsgraden erreicht werden kann.

Diese siebte Stufe einer Leiter, die gleichsam noch nach oben wächst, bedeutet eigentlich die fortgeschrittene Vergottung des Menschen, die Erfüllung seiner Erdenmission im Hinblick auf die Bildung des «Neuen Jerusalems». Ganz im Sinne eines Wortes von Novalis, dass wir Menschen zur Bildung der Erde berufen sind. Das sei unsere Mission.

Ein recht fernes Ziel zwar. Jedoch bereits im Rosenkreuz und in den Jahresfesten als geistig-soziale Schulung praktiziert, beginnt unsere eigene Jakobsleiter Erde und Himmel miteinander zu verbinden.

Man könnte auch von einer Brücke sprechen, die das Reich der Menschen mit dem Reich der schönen Lilie vermählt.

Ein Weg zur Neuordnung karmischer Beziehungen im Geiste des Rosenkreuzes

Die großen Linien der Menschheitsentwicklung, die wir in den vorigen Kapiteln angeschaut haben, offenbaren nach dem Mysterium von Golgatha eine progressive Steigerung von geistig-seelischen Vorgängen. Auf der einen Seite haben wir den Fall in die Materie, in die Abgeschlossenheit unseres einsamen Ich-Bewusstseins als Voraussetzung einer immer neu zu erringenden Freiheit: den göttlichen Höhen gegenüber und den seelisch-körperlichen Tiefen mit ihren Instinkten, Trieben und Begierden. Im Zeitalter der Bewusstseinsseele, etwa seit dem fünfzehnten Jahrhundert, erreicht dieser «Fall» gleichsam eine unterste Stufe. Und auf der anderen Seite konnten wir sehen, wie, im Geiste des Rosenkreuzes, die christlichen Jahresfeste zu Sprossen der gleichen Leiter werden, um neu die Gottes-Sohnschaft zu erringen, gleichsam wie verlorene Söhne und Töchter. Im Geiste des apokalyptischen Christus ausgedrückt, könnte man auch sagen: um unser weißes Gewand mit dem goldenen Gürtel zu erlangen.

In den imaginativen Bildern der «Schatzhöhle», einer Schrift aus dem vierten Jahrhundert unserer Zeitrechnung, schildert der große Theologe Ephräm der Syrer, wie die Engel nach der Erschaffung Adams von der Schönheit seines Anblicks bewegt waren. Sein Antlitz und der Glanz seiner Augen waren sonnengleich und «seines Körpers Licht gleich dem eines Kristalls».[100] Wir wissen, wie sich dann das erste Menschenpaar «nackt» fühlte und wie Adam und Eva Röcke von Fellen bekamen. Und wie sie in die Wüste einer sich verdunkelnden und verhärtenden Erde geschickt wurden, bis die Möglichkeit einer neuen «Einkleidung» durch Tod und Auferstehung des Menschensohnes Realität wurde.

Vor Urzeiten wurde das *Bild* des Menschen im Geiste des schöpferischen *Wortes* in die Erdenform eingegossen. Und der Schöpfer selber verwandelte die Menschenform von innen her in eine todlose, unverwesliche, im Gottesglanz leuchtende Gestalt: ein kosmisch-irdisches Kunstwerk, zu dessen individuellen Erschaffung jeder Mensch gleichsam eingeladen ist; wie zur königlichen Hochzeit des Evangeliums.

Dazwischen liegen Jahrtausende vielfacher Entfremdung: von Gott, von Mensch und Natur, von Menschen untereinander, bis das große Ziel der Erdenevolution: Liebe durch Weisheit, erreicht sein wird.

Aber noch herrscht Babylon, noch verstehen sich die Menschen nicht – weltweit und länderübergreifend gesehen. Andererseits treffen wir Menschen, zu denen wir entweder eine spontane Zuneigung haben oder aber eine Abneigung. Natürlich haben wir auch manchmal mit Menschen zu tun, die uns zunächst gleichgültig sind. Aber in der Regel sind wir uns gegenseitig keine unbeschriebenen Blätter. Dann kann sich daraus die Frage ergeben, die Metapher der Blätter beibehaltend: Wo, wann, wie – was – ist, genau genommen, in die Tiefen der Seele eingeschrieben worden? Natürlich brauchen wir nicht so weit wie Goethe in dem berühmten Gedicht an Charlotte von Stein zu gehen:

Sag, was will das Schicksal uns bereiten?
Sag, wie band es uns so rein genau?
Ach, du warst in abgelebten Zeiten
Meine Schwester oder meine Frau!

Aber es kann sich bei Begegnungen oft diese Schicksalsfrage ergeben. Genauer genommen: die Frage nach dem Karma, nach den Ursprüngen einer Beziehung, mag sie beseligend oder erdrückend sein, erhellend oder verfinsternd. Mit «Beziehung» ist jetzt eine allgemeine menschliche Beziehung gemeint.

Goethe hatte ein ahnendes Erfassen, ein Wissen, dass der Mensch durch wiederholte Erdenleben geht. Es war hier wie eine Wiedererkennung, bewirkt durch einen platonischen Eros, könnte man sagen.

Ähnlich, wenn auch ganz anders, formulierte es Schiller:

Das ist der Liebe heil'ger Götterstrahl,
der in der Seele schlägt und trifft und zündet,
wenn sich Verwandtes zum Verwandten findet,
da ist kein Widerstand und keine Wahl,
es löst der Mensch nicht, was der Himmel bindet.

Beide Stellen geben ein authentisches Beispiel für die Berechtigung der eben gestellten Fragen. Ich weiß allerdings auch von Menschen, die bei einer Begegnung von Gefühlen der Furcht ergriffen wurden.

Seit einigen Jahrzehnten, gewissermaßen im Zuge der sogenannten New Age-Bewegung, wie sie sich nach und nach in den 1960er-Jahren überall in der Welt verbreitet hat, ist der Gedanke von Reinkarnation und Karma auch in unseren Breitengraden salonfähig geworden. Trotz des Widerstandes der etablierten Kirchen. Dabei ist dieser Themenkomplex, seit es Kulturen auf der Erde gegeben hat, genauso alt wie diese.

Rudolf Steiner hat dem Begriffspaar Reinkarnation und Karma – oder Wiederverkörperung und Schicksal – für den Menschen der Bewusstseinsseele neues Leben verliehen. Die Aufdeckung der dem Karma zugrunde liegenden Gesetze gehörte zunehmend zu seinen geisteswissenschaftlichen Forschungsaufgaben. Besonders im Jahr 1924 kulminierte seine diesbezügliche Arbeit. Sechs Bände umfassen die zwischen Februar und September gehaltenen Vorträge. Er wurde dann schwer krank und konnte keine Vorträge mehr halten. Zwar schrieb er noch viel und führte Gespräche, aber selbst diese relative Ruhezeit brachte ihm keine Genesung. Am 30. März des folgenden Jahres beendete er seine Erdenbahn. Die Karma-Forschung betrachtete er als sein ureigenstes Anliegen.

In den 81 Vorträgen, die er zu diesem Thema hielt, durchleuchtete er gewissermaßen die Schicksale von über 44 repräsentativen Persönlichkeiten im Zusammenhang mit ihren wiederholten Erdenleben und mit ihrer Metamorphose in der Neuzeit. Denn bei allen Karma-Fragen muss man immer im Auge behalten, dass sich nicht die «Männer» oder die «Frauen» einer bestimmten geschichtlichen Zeit wiederverkörpern, sondern, um es mit Goethes korrektem Ausdruck am Ende des *Faust* zu sagen, ihr «Unsterbliches». Das heißt auch, wenn man den Gedanken der Metamorphose ernst nimmt, dass in der Regel keine Situationen sich *eins zu eins* wiederholen. Freilich gibt es da auch Ausnahmen, wie bei allem Lebendigen, aber das Grundgesetz des Karmas heißt *Wandlung*. Goethe scheint in diesem Gedicht an die geliebte Charlotte allerdings eine Art Wiederholung des Gleichen vorzuschweben. Auch heute denken viele ähnlich.

Außerdem bedeutet der starke Drang zu einem Menschen im Zeitalter der Ich-Entfaltung zur Freiheit kein Fatum in dem Sinne, dass ich der Schicksalsmacht ganz ausgeliefert bin. Hier, in diesem Punkt, müsste auch Schillers Ansicht korrigiert werden. Denn der «Himmel» bindet nicht, sondern schafft Chancen, Optionen, selbst wenn Karmamächte im Sinne höherer Planung manche Schicksalsfäden knüpfen. Der Mensch vermag im Prinzip sich jedem Sturm und Drang zu widersetzen und sein Karma in die Bahnen zu lenken, die er für richtig hält. Genauso wenig wiederholen sich beispielsweise tragische Muster, wie die weit verbreiteten Rückführungstechniken immer wieder ans Tageslicht fördern.

Allerdings: Jedes Individuum ist eine Ausnahme von allen Regeln.

Jedoch, allein ein Blick auf den Begriff der Freiheit, wie ihn beispielsweise Steiner in der Ethik seiner *Philosophie der Freiheit* konkretisiert, lässt in diesen Fragen große Nüchternheit walten. Wir kommen noch darauf zurück, weil dieser Themenkomplex zum Kern unserer Kulturepoche gehört, zum fünften nachatlantischen Zeitraum, der «der Ausbildung des Ichs, das heißt eigentlich der Bewusstseinsseele» gewidmet ist. «... der Mensch geht durch die Bewusstseinsseele hindurch, damit er sich seines unsterblichen Ichs voll bewusst werden kann».[101]

In diesem Sinne sehe ich es als eine erste Voraussetzung an, zuerst sich seiner eigenen Individualität dergestalt bewusst zu sein, dass das Wesen der Freiheit gegenüber allem Karma von «oben» oder Trieben von «unten» als Ich-immanent erlebt wird. Dann, im Zuge vertiefter Geistesschulung, lüftet sich, sachte aber sicher, der Isis-Schleier vor unserer wahren Identität, wovon die einzelnen Inkarnationen sozusagen werktätige, *einseitige* Prägungen sind. Dadurch kommt man zu einer tieferen

Erkenntnis eigener Seelenprägung im Beziehungsgeflecht unserer Gegenwart und der Menschen, mit denen wir am gemeinsamen Schicksalsteppich zu weben haben. Sämtliche Maßnahmen der Karma-Mächte dürfen in dem Licht betrachtet werden, das uns vom fernen Ziel der gesamten Erdenentwicklung entgegenleuchtet: das Erringen einer allumfassenden Liebe aus «der im ‹Ich› wiedergeborenen Weisheit». Das ist deckungsgleich mit der Einwohnung Christi im Geiste des Rosenkreuzes.

Zu dieser Weisheit gehören nicht nur, pauschal gesagt, Selbst- und Welterkenntnis, sondern auch das Wissen um alle dem Karma zugrunde liegenden Gesetze, zu dem Steiner besonders mit seinen Vorträgen vom Jahre 1924 anregen wollte. Der Zweck seiner recht komplexen Mitteilungen war gewiss nicht einer oberflächlichen Neugierde oder gar Sensationslust Vorschub zu leisten. Er wollte damit zu einer moralischen Schulung der besonderen Art anregen. Ihm stand das große Ziel der Menschheit vor Augen.

Eine gediegene Erkenntnis eigener karmischer Verflochtenheit war ihm lediglich Mittel, sich selber und den Mitmenschen tiefer zu verstehen, gleichsam eine besondere *Friedenssubstanz* im Hinblick auf eine möglicherweise tragische Vergangenheit. Aber auch Substanz der Liebe, um Beziehungen nach und nach zu vergeistigen. Denn er sah auch, wie im Gange der Individuation der Menschheit, die bei Weitem noch nicht abgeschlossen ist, das Karma immer mehr in Unordnung geriet.

Steiner erwähnt diesbezüglich besonders die Zeit ab dem neunten Jahrhundert,[102] und zwar als immer mehr Menschen zur eigenen Ego-geprägten Intellektualität erwachten. Der Blick des Historikers sieht eine Intensivierung der Unduldsamkeit gegenüber anders *denkenden* Menschen. Furchtbare Weltanschauungskämpfe spielten sich in Europa ab.

Zur Zeit des Brudermordes lehnte es Kain ab, seines «Bruders Hüter» zu sein, als ihn der Herr um Abel fragte. Und es blieb, besonders nach der babylonischen Sprachenverwirrung, die faktische Grundstimmung gegenüber Menschen anderen Blutes, anderer Farbe und anderen Glaubens. Denn die Ziegel des Turmes beschwerten und beschweren noch heute unsere Herzen. Trotz der Botschaft des Mysteriums von Golgatha.

Das Thema dieses Kapitels ist nur einem Aspekt des Karmas gewidmet: wie man eine Ebene der Menschenbegegnung schaffen kann, bei der eine solche Freiheit im Ich waltet, dass auch schwere karmische Knoten mit der Zeit gelöst werden können.

Dass es sich bei diesem umfassenden Thema nur um eine Anregung handeln kann, ist klar. Ich hoffe nur, dass vielleicht die hier geäußerten Gedanken weitergedacht werden, denn sie wollen zu Lösungen anregen, die freilich nur jeder für sich finden kann. Ich halte es für tief bedeutsam, dass der Auferstandene von Steiner als «Herr des Karma»[103] genannt wird. Das heißt, dass in dem Augenblick, als ich mich bemühe, in seinem Sinne zu handeln, Kräfte in der Seele wachsen, altes Karma zu bewältigen, neues Karma zu schaffen und allen Gewalten, die sich gegen meine freie Entscheidung aufbäumen, zu trotzen. Mögen sie sich als «Liebe» oder «Hass» tarnen.

Ich möchte jetzt eine Art Urphänomen kurz skizzieren, das uns zeigt, wie es möglich ist, zwingenden Seelenmächten zu trotzen, um eine freie menschliche Beziehung aufzubauen. Denn viel mehr, als man gewöhnlich denkt, wird man von Impulsen gesteuert, die allesamt einem Zusammenleben oder -arbeiten mächtig im Wege stehen.

Goethe prägte in seinem Gedicht *Die Geheimnisse* aus echter rosenkreuzerischer Weisheit den fundamentalen Satz: «Von der Gewalt, die alle Wesen bindet / Befreit der Mensch sich, der sich überwindet.» Es ist wichtig, den Unterschied zwischen *bezwingen* und *überwinden* zu klären.

Bezwingen ist immer Gewalt, in diesem Fall gegen sich selbst. Sie kann sich immer wieder auch als Gewalt gegen andere manifestieren. Man denke beispielsweise an die mittelalterlichen Ideale einer tief unchristlichen Askese, die immer noch in manchen religiösen Gemeinschaften ihr Unwesen treibt. Alle Inquisitionstribunale oder Hexenjagden der Weltgeschichte gehören meines Erachtens auch zu den Folgen von negativen Verdrängungen. Sie können nur Verwirrung der Karmafäden bedeuten und schwere Schicksale nach sich ziehen.

Anders wirkt sich eine Überwindung aus.

Im Sinne der Meditation des Rosenkreuzes würde man sagen: Die egoistischen Begierden und Leidenschaften werden nicht *bezwungen.* Denn es würde nur bedeuten, dass sie sich in eine andere Ecke des Unterbewussten einnisten, um bei einer späteren Lebenssituation mit Gewalt emporzubrechen. Ein klassisches Beispiel einer solchen verhängnisvollen Verflechtung gibt Steiner im Verlaufe seiner Mysteriendramen. Während einer Rückschau ins Hochmittelalter werden wir Zeugen einer innigen Liebesbeziehung zwischen der anmutigen Cilli und dem resoluten Bergwerksmeister Thomas.[104] Als es sich herausstellt, dass sie Geschwister sind und dass sie in der Kindheit durch Schicksalswirren getrennt wurden, kann aus ihren Heiratsplänen nichts mehr werden. Sie bleiben dennoch zusammen als Schwester und Bruder.

Im darauffolgenden Leben in unserer Zeit ist aus dem ehemaligen Bergwerksmeister der begabte Maler Johannes Thomasius geworden. Die Individualität «hinter» der Schwester erlebt wieder eine Inkarnation als Frau: Theodora, die Gattin des edlen Dr. Strader.

Luzifer, der Versucher, Schlange zuerst und dann Diabolos – anders als Satan oder *Ahriman* – ist der «Wunschgebieter», der in den Tiefen der Seelen wütet. Er ist der Urheber aller undurchschauten «Zwangsgewalten». Er bewirkt, dass Thomas eine verhängnisvolle Leidenschaft für Theodora entwickelt, die ehemalige «Cilli», die ja in seinen ungeläuterten Seelentiefen noch virulent war. Das führt zu tragischen Entwicklungen.

Hier geht es um Liebes-Leidenschaft, aber es gibt auch Hass-Leidenschaft, die in allen möglichen Masken auftreten können. Das muss nicht immer zwischen Frau und Mann geschehen; es kann ebenso in der Familie, in der Verwandtschaft, in der Arbeitswelt oder sonst wo der Fall sein. Ahriman ist dann der Vollstrecker, der Spaltungen bewirkt.

Das Ethos des Rosenkreuzes, so schmerzlich es sich auswirken mag, bedeutet Überwindung, Verwandlung, Metamorphose.

Im Grunde genommen spricht diese Meditation die gleiche Sprache, nur entsprechend abgewandelt, wie Schillers Kernanliegen in seinen Briefen *Über die ästhetische Erziehung des Menschen*. Vereinfacht ausgedrückt wird darin die Urspannung der Menschenseele zwischen den sinnlich orientierten Trieben, die im Begriff «Stofftrieb» gleichsam gebündelt werden, thematisiert, und den Zwängen einer gleichsam von «oben» oder vom Verstand diktierten Ethik, die er «Formtrieb» nennt. Erst der sich frei betätigende, künstlerische «Spieltrieb» bewirkt die Transformation.

Diese Überwindung, das Ergebnis einer lemniskatischen Metamorphose, erzeugt dann den wahrhaft ästhetischen Menschen, der frei von Gebot, aber auch frei vom Trieb handelt.

Ein Beispiel dieser wunderbaren Möglichkeit des freien Menschen, worauf wir noch zurückkommen, bietet eine Episode aus dem *Parzival* von Wolfram von Eschenbach.

Der irrende Parzival, der Ritter in roter Rüstung, der bereits als Knabe Ritter werden wollte, hat sich in einem Wald verirrt, in dessen Nähe der König Artus und sein ganzer Hof ihre Zelte aufgeschlagen haben. Artus, der schon von seinen Ruhmestaten weiß, möchte diesen tapferen Ritter in seine auserwählte Schar aufnehmen.

Parzival selber weiß aber nichts davon. Auf der Suche nach seiner Mutter, die er verlassen musste, und auf dem Wege zum Gral in seinem Herzen, hatte er sich kurz davor von seiner frisch geheirateten Frau, Kondwiramur, trennen müssen. Die Sehnsucht nach ihr brannte heftig in seinem Herzen. Nun war zur Unzeit Schnee gefallen. Ein Jagdfalke, der entflohen war, hatte sich zu dem einsamen Ritter gesellt. Sie froren beide bitter, vermerkt Wolfram.

Wie es tagt und sie sich in einer Lichtung befinden, schießt jählings der Falke hervor und stürzt sich in eine Schar von Wildgänsen hinein. Er trifft eine, die ihm nur mit knapper Not entwischt und im Aufflattern aus ihrer Wunde drei Tropfen Bluts fallen lässt.

Parzival sieht die Blutstropfen im Schnee aufleuchten, und

> die brachten Parzival in Not.
>
> ----
>
> Kondwiramur, nur deinen Wangen
> Kommt dies an lichter Farbe gleich.
> Wie macht mich Gott an Freuden reich.
> Dass hier ich deinen Abglanz fand!
>
> ----
>
> Hier liegt dein Schein, Kondwiramur!
>
> ----

Ihn zwang die starke Minne,
Dass in dem Traum, der ihn umspann,
Sein Sinn und Denken ihm zerrann.
So hielt er stille wie im Schlaf,
Wer aber war's, der ihn so traf?[105]

Es war ein Knappe, der für einen bestimmten Auftrag unterwegs war und der eiligst zurückkehrte, um den Frevel zu melden. Denn Artus hatte das Gebot erlassen, keinen Kampf auf diesem Gebiet aufzunehmen. Parzival hatte sich nur auf seine Lanze gelehnt und war gleichsam vom Anblick des rosenroten Schnees wie verzaubert. Nun: Die erhobene Lanze war wie ein Zeichen zum Kampf. «Die Tafelrunde liegt in Schmach», verkündet der erboste Knappe überall im Zeltlager. Segramor, ein junger Ritter, «der nimmersatt nach Streite rang» und dem das Gebot seines Königs nicht gefiel, erbittet sich die Erlaubnis, gegen den Eindringling zu kämpfen. Dies wurde dann durch Vermittlung seiner Base, der Königin Ginover, gewährt.

Nun stürmt, gekränkt in seiner Ehre, Segramor dem feindlichen Ritter entgegen. Denn er steht unter «Zwangsgewalten». Aber Parzival verharrt wie schlafend noch am gleichen Flecke. Segramor fordert ihn heraus, der andere aber scheint nichts davon zu hören, bis sich schließlich sein Ross, gereizt, zum Kampfe umwendet. Dadurch wird Parzivals Sinn für einen Augenblick dem Bild entrissen, das ihn gebannt hält. Er senkt die Lanze und stellt sich zum Kampfe, aber nach dem ersten Zusammenprall hat er den Angreifer aus dem Sattel geworfen. Das Ross trabt ohne Reiter heim, der Besiegte muss schmachbeladen hinterdreinlaufen, und Parzival hat sich inzwischen wieder zu dem Fleck gewandt, der ihm das Bild der geliebten Kondwiramur vor die Seele zaubert.

Dem zweiten Ritter, Kei, der Seneschall, wird es noch schlimmer ergehen. Weniger von Stolz getrieben wie der junge Segramor, steht Kei aber nicht weniger unter einer ihn zwingenden Macht. Er wendet sich an den König.

Dem König meldet seinen Fall
Herr Kei, der kühne Seneschall,
Da draußen sei ein schlimmer Knabe,
Der ihn vom Ross gestochen habe,
Und halte stets noch kampfbereit:
Herr, immerdar wär's mir zum Leid,
Ging' ihm das ungerochen hin.
Wenn ich Euch dessen würdig bin,
So frag' ich ihn um sein Begehr,
Da er mit hocherhobnem Speer
Dort hält vor Eurem Weibe.
Versagt Ihr's, Herr, ich bleibe
In Eurem Dienste keine Stunde.
Erniedrigt ist die Tafelrunde,
Wenn man ihm nicht beizeiten wehrt,
Dass er von unsern Ehren zehrt.

Kei, höhnisch provozierend, fordert den immer noch schweigenden Reiter zum Zweikampf. Mit gebrochenem Arm und Bein muss er sich vom Kampfplatz zurücktragen lassen.

Parzival verharrt weiterhin in seinem Traum um die ferne Kondwiramur.

Nun aber tritt Gawan, die Zierde der Ritterschaft, auf und greift in die Handlung ein. Ohne Waffen reitet er hinaus, dicht an den verzauberten Parzival heran, der ihm nicht einmal den freundlichen Gruß erwidert. Er ist aber innerlich frei. Er schaut aufmerksam hin und vermutet, dass der Einsame mit verbeultem Helm und Schild von Minne bezwungen ist, so wie er auch einst von Minne bezwungen wurde. Er folgt Parzivals Blick und entdeckt «des Blutes Spur». Und was tut er? Mit einem Schleiertuch bedeckt Gawan die Blutstropfen. Da erwacht Parzival.

Gleich klagt er betroffen, dass ihm die Gegenwart der Geliebten entrissen sei. Gawan führt ihn sanft in die Wirklichkeit zurück und lädt ihn an den Hof des Königs Artus ein. Und wie er dem etwas verdutzten Parzival seinen Namen sagt:

> Drauf Parzival: bist du Gawan?
> Wie schwach verdient, was ich getan,
> Dass du mich hier so hold empfängst!
> Von deiner Güte hört' ich längst.

Voller Güte und Freude wird nun Parzival aufgenommen. Ihn und Gawan verband bald eine tiefe Freundschaft. Segramor und Kei haben aus den Impulsen heraus gehandelt, die sie, bedingt durch Geburt, Status, Sitte, zu gleichsam vorprogrammierten Handlungen geradezu zwangen: Stolz, Ehre und was sich sonst in den Seelen dabei geregt hatte: Geltungssucht? Ehrgeiz? Wie auch immer: Modern ausgesprochen würde man sagen, dass sie nicht aus einem freien, abwägenden und zu einem Entschluss kommenden Ich gehandelt haben. Sie haben sich nicht die Frage gestellt, die sich Gawan stellte. Er war auch waffenlos zur Lichtung geritten. Die anderen waren zum Zweikampf ausgerüstet. Gawan wollte keine Gewalt anwenden. Er legte das Tuch auf die Blutstropfen und ließ dem späteren Freund Zeit, zu sich zu kommen. Gewaltfrei, würde man heute sagen.Wir können diese Szene durchaus als Urphänomen eines Verhaltens ansehen, das geeignet ist, einen ersten Schritt zur Bewältigung, zur Neuordnung einer karmischen Beziehung zu machen.

Altes Karma ist in der Regel ein Komplex von Handlungstrieben, die sehr tief in unterbewussten Willensregionen kraften. Treffen sie auf die Situation, auf den Menschen, mit dem im Sinne hoher Karmamächte etwas geregelt oder metamorphosiert werden sollte, dann drängen sie uns triebhaft-emotional zu handeln. Sei es, dass sie eine positive oder eine negative Leidenschaft entfachen wollen oder eine andere Verhaltensweise, denn auch die Widersacher sind meistens dabei. Das Grundmuster ist aber immer das gleiche. Es ist eine Kraft, die zu der «Gewalt» gehört, «die alle Wesen bindet». Wie beim Maler Johannes Thomasius in Bezug auf die Liebe und bei den beiden Rittern, getrieben von Stolz und Ehre.

Und Gawan?

Er trägt keine Waffen hier. Er ist also nicht so altlastenbeladen wie Segramor und Kei. Er ist gleichsam abgeklärt, weil seine innere Zucht – im schillerschen Sinne – die Oberhand behält. Er *schaut.* Mit Interesse, sich fragend, was sich im anderen abspielen mag. Dann kommt der passende *Gedanke:* Ist das Liebe, die den Einsamen umfängt? Daraus gebiert sich *Empathie* mit dem Reiter im Wald. Und daraus entsteht die erlösende *Tat.*

Hier die Reihenfolge:

- Schauen
- Denken, sinnen, fragend,
- Empathie aus Verständnis
- Ich-geführte Tat. Sie erlöst.

Diese vier Schritte sind nach meiner Erfahrung wirksame Mittel, Karma-Situationen so ins Auge zu fassen, dass das Ich Handlungshoheit behält.

Es bedeutet natürlich nicht, dass ich den Impulsen meines Herzens nicht folgen darf oder gar allen Lebenssituationen mit kühlem Blick zu begegnen; ohne Spontaneität. Das ist auch nicht für alle Situationen im Alltag gedacht. Dennoch führt dieser Weg sicher durch manche biografischen Klippen. Er ist dem Weg verwandt, den ich im Zusammenhang mit Pfingsten als das viergliedrige Hören bezeichnet habe.[106] Denn auch hier wirkt die Kraft des Rosenkreuzes im Geiste der Sonnenlemniskate.

Das Ego-gefärbte Blut der beiden Ritter bedarf der klärenden Macht, die in Gawans Seele zum Teil bereits waltet. Das Wissen, als Verbindung von Gedanke und Mitgefühl, führt zur Läuterung: Eine Seelenrose kann dadurch wachsen.

Man mag eine solche Situation, die eine große Wende im weiteren Leben von Gawan und Parzival bewirkt, von einer gemeinsamen Vergangenheit bewirkt anschauen. Auch in Bezug auf Segramor und Kei. Muss aber nicht sein. Zentral ist hier das Urbild einer Handlungskompetenz, die sich in solchen Bildern gleichsam individualisiert.

Abgesehen davon, dass es auch Situationen gibt, die nicht von einer Vergangenheit herrühren und welche etwas ganz Ursprüngliches sein können, sind wir auch im Alltagsleben gleichsam aufgerufen, im Sinne Schillers und im Geiste des Rosenkreuzes das trübe Rot zwingender Gewalten, mögen sie zu Luzifer oder Ahriman gehören, zu verwandeln.

Denn das ist der eigentliche Krieg in unser aller Brust, wovon in der Regel alle äußeren Kriege stammen.

Die Bewusstseinsseele im Doppelantlitz des Karmas – Gemeinschaftsbildung im michaelischen Zeitalter

Ich möchte das im vorigen Kapitel anhand von Bildern aus dem *Parzival* von Wolfram von Eschenbach Dargestellte im Sinne der *Philosophie der Freiheit* von Rudolf Steiner betrachten.

Dieses fundamentale Werk geisteswissenschaftlicher Methodik und Ethik erschien 1894. Dreißig Jahre später, nachdem Steiner immer wieder auch das Thema Karma direkt behandelt hatte, erreichten seine diesbezüglichen Ausführungen eine Art Zenit. Und es ist bedeutend wahrzunehmen, wie die Vorträge des Jahres 1924, die auch andere Themen und Arbeitsbereiche behandelten, gerade in Bezug auf das Karma eine Oktave zu den Kernpunkten seiner Freiheitsphilosophie bilden: Dort, 1894, Grundlegendes zur «menschlichen Individualität». Hier, 1924, die Entwicklung menschlicher Individualitäten im Gewebe von Schuld und Sühne, Krieg und Frieden, Macht und Entsagung, Liebe und Hass.

Dort «Die Idee der Freiheit», hier der freie Mensch, welcher alles, was das Karma ihm entgegenbringt, als Stoff des Schicksals betrachtet, um ihn frei, nach eigensten Impulsen, für Gegenwart und Zukunft zu formen. Die Gegenüberstellung könnte noch lange fortgesetzt werden. Im Endergebnis stellt es sich heraus, dass das Ringen um Freiheit, äußerlich und innerlich, und die Bewältigung von Schicksalsknoten das eigentliche Agens der Weltgeschichte sind: im Kampf der Völker untereinander, aber auch zwischen Caesar und Kleopatra, Kaiser Heinrich und Papst Gregor oder, im produktiven Sinne, wie zwischen Goethe und Schiller, zwischen König Ludwig und Wagner; aber auch in jeder Begegnung auf der weltpolitischen Bühne oder im alltäglichen Leben. Man kann füglich von karmischen Konstellationen sprechen, welche die jeweilige Gegenwart prägen.

Die Begegnung zwischen Gawan und Parzival löste im einsam Irrenden Kräfte aus, die ihm im Laufe der Zeit ermöglichten, Gralskönig zu werden. Dadurch konnten die geschwächte Gralsritterschaft und der sieche König Anfortas zu neuen Kräften kommen. Die in Weisheit und Liebe gestellte Frage des zur Freiheit herangereiften Parzival an Anfortas begründete eine neue Zukunft des Friedens und der Hingabe an menschheitliche Ziele. So Wolfram.

Als einer Art Maxime schreibt Steiner Folgendes. Beim Lesen möge man an den Ehrenkodex feudaler Zeiten, der Segramor und Kei im Blute rumorte, und an ähnliche Vorkommnisse in der heutigen Zeit denken. «Die Natur macht aus dem Menschen bloß ein Naturwesen; die Gesellschaft ein gesetzmäßig handelndes; ein *freies* Wesen kann er nur *selbst* aus sich machen.»[107] Steiner entwickelt dann, immer auf der Grundlage konkreter Situationen, die Begriffe «moralische Fantasie» und «moralische Technik».[108] Erstere liefert Gedanken, Gefühle, Tendenzen, die eine entsprechende Tat auslösen. Gawan kam auf den Gedanken des Minnezaubers, der in ihm den richtigen Impuls auslöste. Denn erst eine innere Souveränität gibt unserem Ich die entsprechende Handlungsidee, die Steiner «Intuition» nennt, welche dann durch die ihr innewohnende

«Technik» zur Tat führt. Damit begründet er den «ethischen Individualismus». Und bringt gewissermaßen das Wesen der Liebe ins Spiel. Das gilt auch für Gawans Tat.

Hier der Wortlaut Steiners:

«Ich erkenne kein äußeres Prinzip meines Handelns an, weil ich in mir selbst den Grund des Handelns, die Liebe zur Handlung gefunden habe. Ich prüfe nicht verstandesmäßig, ob meine Handlung gut oder böse ist; ich vollziehe sie, weil ich sie *liebe.* Sie wird ‹gut›, wenn meine in Liebe getauchte Intuition in der rechten Art in dem intuitiv zu erlebenden Weltzusammenhang drinnensteht; ‹böse›, wenn das nicht der Fall ist. Ich frage mich auch nicht: wie würde ein anderer Mensch in meinem Falle handeln? – sondern ich handle, wie ich, diese besondere Individualität, zu wollen mich veranlasst sehe. Nicht das allgemein Übliche, die allgemeine Sitte, eine allgemein-menschliche Maxime, eine sittliche Norm leitet mich in unmittelbarer Art, sondern meine Liebe zur Tat. Ich fühle keinen Zwang, nicht den Zwang der Natur, die mich bei meinen Trieben leitet, nicht den Zwang der sittlichen Gebote, sondern ich will einfach ausführen, was in mir liegt.»[109]

Um das Ganze auf einen gemeinsamen Nenner zu komprimieren, gerade in Bezug auf alle Formen «der Gewalt, die alle Wesen bindet» – und sie sind Legion –, kann man sagen, dass wir die Fähigkeit lernen können, zunächst Abstand von uns möglicherweise übermannenden Gefühlen zu gewinnen, um dann gemäß unseren individuellen Intuitionen beherzt zu handeln. Ganz am Ende dieses epochalen Werkes, in einem zweiten Anhang, betont Steiner die fundamentale Vorbedingung einer freien Tat: niemals dem Zwang einer «Idee» zu verfallen. Gleichsam als Herr muss sich der Mensch ihr gegenüberstellen können: «Man muss sich der Idee erlebend gegenüberstellen können; sonst gerät man unter ihre Knechtschaft.» Danach ist alles eine Frage der Überwindung, zu der uns der «Herr des Karma» niemals seine Hilfe versagen wird.

So gesehen, ist es tatsächlich möglich, aus dem Ich heraus Schritte in Richtung Neuordnung des Karmas zu unternehmen.

Gewiss lag diese Interpretation in Bezug auf Gawan Wolfram von Eschenbach intellektuell fern, und genauso gewiss ist, dass diese Passage auch anders gedeutet werden kann. Das ist bei großen Kunstwerken oft der Fall. Mir ging es darum, ein Urbild darzustellen, woraus man auch eine karmische Situation durchleuchten könnte: frei von Vorurteilen, gesellschaftlichen Konventionen und Ideologien.

Jetzt möchte ich noch einiges zur geistigen Ethik in Bezug auf Rückführungen in zurückliegende Inkarnationen ausführen, denn das gehört auch zu umserem Thema. Es geht mir vor allem darum, diese Erfahrungen, aber auch spontane Erinnerungen aus alten Tagen im Sinne der Bewusstseinsseele anzuschauen. Selbstverständlich bleibt es immer jedem Individuum überlassen, wo und wie er zu seinen Erfahrungen in geistiger Hinsicht kommt. Auch hier sind die Würde und die Freiheit des Menschen unantastbar.

Andererseits leben wir alle unter ganz bestimmten Entwicklungsgesetzen, die es zu beachten gilt, will man im Strome bewusstseinsgeschichtlicher Evolution mit seinem Lebensschiff vorankommen. Bezogen auf die Ich-Entwicklung der Menschheit gibt es sozusagen drei Seelenqualitäten, die uns ermöglichen, unserem «Unsterblichen», unserem höheren Selbst, näher zu kommen. Sie haben sich im Laufe von Jahrtausenden entwickelt. In der Sprache der Geisteswissenschaft werden sie Empfindungsseele, Verstandes- und Gemütsseele und Bewusstseinsseele genannt. In der Zeit der Entfaltung altägyptischer

Kultur und anderer Hochkulturen lernten wir unser Ich im Gewand sinnlicher Empfindungen zu erleben. Zugleich empfand damals der Mensch den geistig-göttlichen Grund der Welt in allen sinnlich-natürlichen Äußerungen. Der Mond, die Sonne mit ihren Auf- und Untergängen waren eine Göttersprache, die wir alle verstanden. Und selbst die unterschiedlichen Priesterämter waren mit sinnlichen Attributen versehen, sodass man durch Kleidung, Kopfbedeckung oder Gesten die entsprechende Autorität erkennen konnte. «Meine Leibessinne sagen mir, dass ich bin», würde ein Mensch der damaligen Zeit gesagt haben. Diese unerlässliche Stufe der Ich-Erfahrung hat sich dann im Laufe der Jahrtausende weiter gefestigt, aber auch verinnerlicht.

In der Zeit der römisch-griechisch-hellenistischen Kultur und über das Mittelalter hinaus regte das Denken den Ich-Funken an. Das Individualbewusstsein befreite sich nach und nach, wenn auch sehr langsam, auch von Empfindungsselen-bedingten Blutsbanden. Der denkende Mensch konzipierte – und erlebte – Gott im gesetzmäßigen Gefüge der Welt. Aus dem Logos gebar sich die Logik.

Im Denk-Licht war auch das «Ich».

Das Christentum und seine Boten, allen voran der Heidenapostel Paulus, verkündeten den inneren Gott, dem bereits ein Elias im Rahmen jüdischer Spiritualität den Boden bereitet hatte. Das war die Zeit der Hauptentfaltung der Verstandes- und Gemütsseele.

Als im fünfzehnten Jahrhundert, nach der Zeitangabe Steiners, die Neuzeit mit ihren Entdeckungen und Erfindungen begann und mit ihr die Aufgabe entstand, nicht nur unser Ich im Körper oder im Denkbereich zu erleben, sondern im willensgetragenen, schöpferischen Selbstbewusstsein, dann begann der Mensch auch die Schwelle zur geistigen Welt zu überschreiten, unbewusst zuerst, uns dennoch ein von körperlichen Prozessen unabhängiges Ich-Bewusstsein ermöglichend. Die Entfaltung der Bewusstseinsseele hatte angesetzt.

Das bedeutet aber auch, dass in seelisch-geistigen Tiefen der Tod Einzug hielt. Die vielen Darstellungen des «Totentanzes» in der bildenden Kunst dieser Zeit sind ein deutliches Symptom.

Denn die körpergebundene Empfindungsseele erlischt gewissermaßen mit dem leiblichen Tod. Nur was vom Sinnesleben vergeistigt wurde, reichert sozusagen unser «Ich» an und kann in das Geisterland gelangen. In der Empfindungsseele wurzelt deshalb die stärkste Todesangst.

Die verinnerlichte, denkgetragene Gemütsseele erlebte im echten Gefühlsglauben an die Auferstehung Christi den wahren Geistestrost. Aber es war noch «Trost», noch nicht die Erfahrung einer im Innersten waltenden, Ich-immanenten Todesüberwindungsmacht, wie sie der weiterentwickelten, freien Bewusstseinsseele vorbehalten ist.

Fehlt dem Gemüt, das ja wie die Empfindungsseele Träger von Ich-Kräften ist, ein lebendiger Glaube, dann endet es – wie eine einseitige Aufklärung gezeigt hat – in Zynismus, Abstraktion, Materialismus und Nihilismus.

Dabei bedeutet dieser unbewusste Todesvorgang eine naturgemäße Nähe zu unseren geistigen Ursprungswelten. Es ist zugleich eine Himmelsöffnung in Richtung unseres «Unsterblichen», das sich unserem staunenden Bewusstsein geradezu erschließen kann. In diesem Geistselbst, wie es Steiner nennt, erwachen wir zu unserer ewigen Würde. Denn es ist das, was in immer neuem Ego-Gewand, durch verschiedene Inkarnationen erscheint: reine Geistigkeit, ohne Geschlecht wie die Engel. Es gehört gleichsam zu unserer individuellen «Urpflanze».

Es handelt sich um ein *gesteigertes* Erkennen im Geiste der Christus-durchdrungenen Bewusstseinsseele. Es setzt die Anwendung unseres schöpferischen Ich-Willens voraus, der, mutig im Sinne des Erzengels Michael, bereit ist, Grenzen des Denkens, Fühlens und Handelns zu überwinden. Folgende Meditation aus dem zweiten Mysteriendrama veranschaulicht diesen sehr komplexen Vorgang, der an das Wandeln Petri über dem Wasser erinnert, denn wir verlieren das Gestade der physisch-sinnlichen Welt. Jeder von uns ist heute aufgerufen, diesen Sprung ins Wasser zu wagen, in dessen Fluten wir vom Auferstandenen erwartet werden, um willenskräftiger, dann, für das Erdenziel zu wirken:

In deinem Denken leben Weltgedanken,
In deinem Fühlen weben Weltenkräfte,
In deinem Willen wirken Weltenwesen;
Verliere dich in Weltgedanken,
Erlebe dich durch Weltenkräfte,
Erschaffe dich aus Willenswesen;
Bei Weltenfernen ende nicht
Durch Denkenstraumesspiel,
Beginne in den Geistesweiten
Und ende in den eignen Seelentiefen,
Du findest Götterziele,
Erkennend dich in ihr.[110]

Dieser äußerst wirksame Spruch eröffnet der Bewusstseinsseele – unserem Ich – eine Welt, die einerseits, so widersprüchlich es sich anhören mag, das Ergebnis unseres Erkenntnisschaffens ist, und andererseits ist dieses Erwachen eine Gnadenwirkung des sich an der Schwelle zur objektiven geistigen Welt befindlichen

Christus mit seinem Sonnenboten Michael. Darauf komme ich noch später zurück.

Dieser persönlich-überpersönliche Zug, die Vereinigung des Menschlichen mit dem Göttlichen – des Ich-Bewusstseins mit dem Weltbewusstsein – ist eine ähnliche Steigerung oder Metamorphose wie die Verwandlung des Jesus in den Christus und des Christus in den Jesus, wie es in den ersten Kapiteln dargestellt wurde. Und es ist zugleich eine Variation des Rosenkreuzes als Einweihungsprinzip angeschaut. Aber dieser Weg, der weiter über die Schwelle der geistigen Welt führt und auch begeisternde Ausblicke auf die Erdenzukunft eröffnet, will *allein* gegangen sein. Wir werden zuweilen von großer Einsamkeit heimgesucht werden. Aber dann, wie einzelne Blüten unserer «Urpflanze», unseres ewigen «ICH», zeigen sich hier eigene Inkarnationen als Stufen zu den in der Meditation erwähnten «Götterzielen». Dadurch wachsen wir geistig und menschlich, um immer intensiver am Ziel der Erde zu arbeiten.

Das alles fällt naturgemäß durch externe rückführungstechnische Praktiken aus oder durch ein wie auch immer geartetes Karma-Coaching. An der konkreten Schwelle zur geistigen Welt ist ausschließlich unser persönlichster Ich-Einsatz gefragt. Ohne Krücken. Denn wir sollen mündig gesprochen werden.

Und nicht nur, was das Erkennen geistiger Welten oder eigener Inkarnationen anbelangt, sondern auch im Hinblick auf die in jedem Menschen latenten «Götterziele».

Sie stellen einen überpersönlichen Aspekt unseres Karmas dar, das immer in Gefahr ist, allzu persönlich und egozentrisch betrachtet zu werden.

Was sind die Götterziele?

Ist es einem also gelungen, das Erlebnis der Freiheit zu

erlangen, zu dem *Die Philosophie der Freiheit* gleichsam als Manifest der Bewusstseinsseele führen kann, dann erwacht man nach und nach in die schaffende Dynamik unseres höheren Selbstes, von Steiner in seiner Anthropologie zunächst «Geistselbst» genannt. Das wurde ja vorhin kurz erwähnt. Das Geistselbst schickt im Laufe der verschiedenen Inkarnationen in der Regel nur einen Strahl seines Wesens in die jeweilige irdische Persönlichkeit, die sich wiederum in einen bestimmten Erbstrom, in einen neuen Landstrich und in eine andere Kultur einlebt. Gemäß den Ereignissen früherer Erdenleben. Nach oben hin reicht es aber in hohe Geistgebiete hinauf, die meistens nur im Nachtodlichen mehr oder weniger bewusst wahrgenommen werden. Was unsere Frage anbelangt, kommt besonders die fünfte Region des Geisterlandes infrage. Folgende Stelle aus *Theosophie* wird uns die Grundlage für eine vertiefte Anschauung reinkarnatorischer und karmischer Zusammenhänge geben:

«Da der Mensch in der fünften Region in seinem eigentlichen Selbst lebt, so ist er auch herausgehoben aus allem, was ihn aus den niederen Welten während der Verkörperungen umhüllt. Er ist, was er immer war und immer sein wird während des Laufes seiner Verkörperungen. Er lebt in dem Walten der Absichten, welche für diese Verkörperungen bestehen und die er in sein eigenes Selbst eingliedert. Er blickt auf seine eigene Vergangenheit zurück und er fühlt, dass alles, was er in derselben erlebt hat, in die Absichten, die er in Zukunft zu verwirklichen hat, aufgenommen wird. Eine Art Gedächtnis für seine früheren Lebensläufe und der prophetische Vorblick für seine späteren blitzen auf. – Man sieht: dasjenige, was in dieser Schrift das ‹Geistselbst› genannt worden ist, lebt in dieser Region, soweit es entwickelt ist, in seiner ihm angemessenen

Wirklichkeit. Es bildet sich aus und bereitet sich vor, um in einer neuen Verkörperung sich ein Vollziehen der geistigen Absichten in der irdischen Wirklichkeit zu ermöglichen.»[111]

Genau aufgefasst, wird hier gesagt, dass die Ebene dessen, was uns «aus den niederen Welten während der Verkörperungen umhüllt», sozusagen hinter uns liegt. Das ist gleichsam der Karma-Körper, den wir in uns tragen und der mitverursachen wird, wie, wann und was die nächsten Inkarnationen an Ausgleich und als Fortschritt im Hinblick auf das Ziel der Erdenevolution zeitigen sollen.

Aber dann wird gesagt, dass hier die wahre Identität unserer Individualität gefunden wird.

Da sind wir, was wir sind, waren und immer sein werden. Und dieses Ich «gliedert sich Absichten» ein, die es in Zukunft zu verwirklichen hat. Da sind aber keine Wiedergutmachungen oder Förderungen gemeint, die mit unserem *persönlichen* Karma zu tun haben. Sondern Impulse, welche dahin gehen, ein «Vollziehen der geistigen Absichten in der irdischen Wirklichkeit zu ermöglichen». Das sind Absichten, wie sie von Steiner auf der nächsten Seite der *Theosophie* angedeutet werden, welche im Sinne des «wahren» Wesens der Welt zu verwirklichen sind, und «nach dem richtigen Gang der Weltordnung». Als überpersönliche Ziele nach den Impulsen des Weltenkarmas, das im Logos urständet. Daher kann der menschgewordene Gott auch «Herr des Karma» genannt werden.

Das sind die «Götterziele».

Und dort haben wir nicht nur ein Gedächtnis für unsere früheren Lebensläufe, wie Steiner schreibt, sondern auch einen «prophetischen Vorblick» für unsere späteren, was nur dann Sinn macht, wenn man dabei nicht an sein persönliches Karma-Konto denkt. Denn im persönlichen Schicksal gleichen wir ja im Wesentlichen *Vergangenheit* aus, das in *Zukunft* in Ordnung gebracht werden soll.

Aber einen «prophetischen» Blick auf künftige Inkarnationen kann nur der haben, in dessen Wesen überpersönliche Ziele in Richtung Weltvollendung wirken. Das heißt, dass *jeder Mensch* einen göttlichen Auftrag zu erfüllen hat, und der ist seinem Wesen eingeprägt worden. Das ist ein wenig beachteter Aspekt der Karma-Frage, der einen geradezu beflügeln kann. Hier eine wesentliche Passage aus dem Drama *Der Hüter der Schwelle*, in welcher Steiner deutlich auf diesen Zusammenhang hinweist. Es findet ein Gespräch mit dem Geisteslehrer um übergeordnete Wirkensziele statt, die sowohl Capesius wie auch Thomasius und Dr. Strader zu erreichen haben. Capesius ist Historiker, Strader Naturwissenschaftler und Thomasius ist ja Maler.

BENEDICTUS:

Es soll im Kreise meiner Schüler sich
Durch deine und der andern freie Tat
Ein Knoten künftig lösen aus den Fäden,
Die Karma spinnt im Menschen-Erdenwerden.
Was du erlebt, muss dieser Lösung dienen.
In Menschenherzen, welche treu ergeben
Der Weisung folgen, der ich selber diene,
Kann deine Kraft die Helfer alle finden,
Mit denen du vereint das Werk vollendest,
Zu welchem du im Geiste vorbereitet.

CAPESIUS:

Ich habe euch erkannt und will euch folgen.
Als ich in meiner Seele Einkehr hielt,
Nachdem ich eure Worte wesenhaft

In Geisteswelten habe hören können
Und ihr mich wieder zu mir selbst gebracht:
Da durfte ich im Geisteslichte schauen
Die Ziele, welchen meine spätern Leben
Im Lauf des Erdendaseins dienen sollen.
Und wissen kann ich jetzt, dass ihr erwählt,
Die rechten Wege mir zu offenbaren.

BENEDICTUS:

Thomasius und Strader, sie vermögen,
Vereint mit dir, in Zukunft viel zu schaffen,
Was Menschenheil im rechten Sinne fördert.
Die Seelenkräfte, welche sie besitzen,
Sie haben seit dem Erdenurbeginn
In solcher Art sich wirksam vorbereitet,
Dass sie im Weltenlauf mit deinem Geiste
Sich kraftvoll jetzt zur Dreiheit schließen können.[112]

Und, so Steiner 1924: «Jeder Mensch ist zu seiner Weltenaufgabe aufgerufen und wird sie dann vollenden, wenn er den guten Willen dazu hat.»[113]

Alles in allem: Es gibt ein persönlich-allzupersönliches Karma. Hier verführt uns Luzifer dazu, sich immer nur um sich selber zu beschäftigen und um die eigenen «Beziehungen». Das ist eine besondere Art der Selbstverliebtheit.

Dann gibt es ein überpersönliches Karma, das uns Ahriman mit aller Macht versucht zu verschleiern. Denn er fürchtet alles, was uns in gesunder, freiheitlicher Art wieder zum Geistigen führt, das er hasst. Daher pflanzt er in uns Hass gegen den Geist und möchte uns fortwährend an die Materie ketten. Deshalb kann das persönliche Karma hemmend oder fördernd in Bezug auf unsere «Götterziele» wirken. Zumal wir das große Erdenziel nur mit anderen erreichen können, ist die Frage der Neuordnung des Karmas sowie nach der Bildung einer tragfähigen Menschengemeinschaft von zentraler Bedeutung. Ganz im Sinne des goetheschen Märchens, wo es heißt: «Ein Einzelner hilft nicht, sondern wer sich mit vielen zur rechten Stunde vereinigt.»

Man könnte nun das Thema der überpersönlichen Schicksalsbestimmung poetischer, aber genauso wahr, charakterisieren, indem wir den Weltenplan als ein großes symphonisches Werk betrachten, zu dessen Realisierung jeder Mensch mit seinem Instrument beiträgt. Dieses Instrument erblicke ich in höheren Dimensionen unserer Ichheit, in denen uns unsere «ewigen Namen» gleichsam entgegentönen. Es sind «Namen», Runen aus dem Weltenwort vom Urbeginn, welche gewissermaßen die «Partitur» unserer karmischen Aufgaben beinhalten und die wir bereits im Leibe, an der Schwelle der Bewusstseinsseele, erkennen und in höchster Freiheit bejahen können. So interpretiere ich folgende Worte Steiners:

«Er beginnt das ‹geistige Wort› wahrzunehmen, durch das für ihn nun nicht allein die Dinge und Wesenheiten ihre Natur durch Musik kundgeben, sondern in ‹Worten› ausdrücken. Sie sagen ihm, wie man das in der Geisteswissenschaft nennen kann, ihre ‹ewigen Namen›.»[114]

Gehen wir jetzt zu der vorhin erwähnten spirituellen Ethik in Bezug auf Rückführungen oder Erinnerungen aus alten Tagen zurück und lassen eine naheliegende Schlussfolgerung zu.

Die reife Bewusstseinsseele – als Ich-Seele – beherrscht und zähmt sozusagen die «Rosse» unserer Seelentiefen, die ja, in freier Anlehnung an Platos bekanntes Bild jeweils hell und dunkel sind. Steiner sagt von ihr: Das, was die Seele als «Wahres und Gutes in sich trägt, ist *unsterblich* in ihr. – Das, was in der Seele als Ewiges aufleuchtet, sei hier *Bewusstseinsseele* genannt.»[115]

Also ist sie auch dazu veranlagt, mit dem Geistselbst eine Einheit zu werden. Das bedeutet, dass sie nie auf den Gedanken käme – als Ich-Seele –, sich mit einer äußeren Persönlichkeit aus vergangenen Tagen zu identifizieren, was ja als Ergebnis einer Rückführung oft erlebt wird. Aber auch bei Impressionen aus früheren Erdenleben neigen wir als heutige Menschen – mit unserer irdischen Persönlichkeit – dazu, ein Eins-zu-Eins-Verhältnis zu einem Menschen der Vergangenheit herzustellen, was nur zu gravierenden Irrtümern führen kann. Denn so, wie wir heute sind, sind wir nie früher gewesen. Andere Völker, ein anderer Blutstrom, andere Körper, und oft auch andere Geschlechter haben uns in vergangenen Zeiten der Erde zu ganz anderen Persönlichkeiten geformt, selbst wenn wir, karmisch bedingt, ausnahmsweise Eigenschaften aus einem früheren Leben zeigen.

Bei heftigen Impressionen dieser Art kann es sogar vorkommen, dass man bei sich beispielsweise eine alte karmische Last entdeckt, die man aber kaum verkraftet und welche daher große seelische Probleme hervorruft, wie beim Professor Capesius im Laufe der Mysteriendramen. Seine Rückschau in eine mittelalterliche Inkarnation war sozusagen noch nicht durch eine entsprechende Entwicklung seiner Bewusstseinsseele gedeckt.

Daher ist selbst der häufig anzutreffende Fragemodus: «Wer war er/sie in einer früheren Verkörperung?» schon im Ansatz falsch. Denn «er» oder »sie», sind als *solche Persönlichkeiten* nie vorher da gewesen. Ich möchte diesen Zusammenhang mit einer passenden Metapher veranschaulichen: Die jeweilige Form einer bestimmten Inkarnation ist vergleichbar einer Säule, die fest im Boden verankert ist. Hinter ihm sind andere und anders gestaltete Säulen, beziehungsweise ihre Kapitelle, als Bild früherer Inkarnationen. Über allem, die einzelnen Säulen-Elemente verbindend, erstreckt sich ein Architrav, in dessen

Linien und Windungen gleichsam der göttliche Auftrag sichtbar wird, der im Laufe aller Erdenverkörperungen zu erfüllen ist. Darüber – auch über bereits angedeuteten, zukünftigen Säulen – wölbt sich eine Kuppel – alles umfassend – : Unsere gottentsprossene Ichheit, unser ewiger Name, der über allen unseren Schicksalen waltet.

Selbstverständlich sind Reminiszenzen aus alten Tagen oder Erkenntnisse karmischer Zusammenhänge, ob spontan oder durch Übung, von großem Wert, zumal sie auch karmisch bedingt sind. Nur sollten sie mit der dazu nötigen Vorsicht betrachtet werden, wie es Steiner ebenfalls ausgeführt hat. Ein Beispiel: «Denn man kann allerdings Eindrücke haben; aber sie stimmen nicht mit der Weltenordnung überein ...Man kann den Leuten erzählen alle möglichen Inkarnationen von diesen oder jenen Wesen, und es können rein luziferische Eingebungen sein und ähnliche Dinge.»[116]

Bedenklich sind die Ergebnisse mancher «Rückführungen» deshalb, weil sie am Ich – am Erkenntnis-schaffenden Ich – vorbei gehen. Unter Umständen können solche Erfahrungen, unabhängig von ihrem fraglichen Wahrheitsgehalt, uns in eine Art innere Verzweiflung und anderes führen, ähnlich wie bei Professor Capesius der Fall ist. Oder zur Abhängigkeit vom «Coach».

Ein mutiges, selbstständiges Entgegengehen der sich in jedem von uns heute öffnenden Schwelle zur geistigen Welt – durch eine zeitgemäße geistige Schulung – ist eine wunderbare Möglichkeit, auch zu unseren überpersönlichen «Götterzielen» zu erwachen. Man sollte diese Entwicklung, die in unserer freien Bestimmung liegt, nicht aus der Hand geben. Denn sie gehört auch zur Einwohnung des Christus im Menschen.

Das hier gemeinte selbstständige, ichhafte Vorgehen ist ein

wahhaftiges, konkretes *Leben* in geistigen Welten, in deren Wirklichkeitsbereich unsere alltägliche Persönlichkeit nur dann Zugang bekommen darf, wenn sie sich wie die Schlange im Goetheschen Märchen opfert und im Sinne des Rosenkreuzes als Brückenpfeiler zur Welt des Geistes, zum Sonnenland neu ersteht.

Diese Ziele haben selbstverständlich auch mit der besonderen Jakobsleiter zu tun, die hier bereits mehrmals zur Sprache gekommen ist.

Der Grundzug des «Sündenfalls» war und ist eine progressive Entfremdung: göttlichen Welten gegenüber und der Menschen untereinander. Kain, Abel, Sprachenverwirrung, Judas, Karfreitag ...

Wir alle müssen den Kelch völliger Vereinzelung – der eine früher, die andere später – ausleeren. Aber vorwärts geht es nur gemeinsam, wenn das Ziel der Erdenentwicklung Liebe ist.

Was das Zusammenleben der Menschen betrifft, konnten wir im Pfingstgeschehen den Keim zur Überwindung aller Kämpfe entdecken: die Befreiung «von der Gewalt, die alle Wesen bindet» im Geiste des Rosenkreuzes. Denn zwischen Menschen gähnen oft Abgründe, Schwellen, Taubheiten. Nicht nur zwischen Gott und Mensch.

Im Sonnenerzengel Michael ist die *Schwellenmacht* zu sehen, die über Abgründe führen kann, auch über zwischenmenschliche Abgründe. Anders ausgesprochen: Wo wirkt Michael bei der Bildung von Menschengemeinschaften und wie?

Die Einwohnung Christi im Menschen gipfelt in der Bildung einer wahren «Ekklesia» im menschheitlichen Sinn. Denn Christus-Michael wirkt kosmopolitisch, über alle Ländergrenzen hinweg, im Geiste von Weisheit und Liebe.

Die Frage ist jetzt: Auf welchem Fundament baut sich eine

Menschengemeinschaft in unserem Michael-Zeitalter auf? Denn gemäß der dreifachen Artung unseres Seelisch-Geistigen gibt es im Grunde genommen drei entsprechende Gemeinschaftsformen, welche im konkreten Leben selbstverständlich fortwährend *ineinanderfließen.* Sie haben jedoch einen deutlichen, gewissermaßen individuellen Charakter. Gemeint und kurz gefasst sind die bereits skizzierten Empfindungsseele, Verstandes- und Gemütsseele und Bewusstseinsseele. Letztere ist die schwierigste von allen, weil wir uns noch inmitten ihrer Entfaltung befinden.

Die leibgebundene Empfindungsseele kennt nur eine Gemeinschaftsbildung des *Leibes.* Rasse, Volk, Familie, Verwandtschaft: Das gemeinsame «Blut» einigt. Die sogenannte« Blutrache» gibt es eigentlich nur unter Gemeinschaften, für welche eine Art Stammesbewusstsein die Oberhand hat. Dann haben wir eine Gemeinschaft der *Seele,* auf der Grundlage gemeinsamer Seelenwerte, beispielsweise im Religiösen. In der Verstandes- und Gemütsseele, vor allem in den nachchristlichen Jahrhunderten, erleben wir geradezu eine Blüte innigster Spiritualität. Die Fixierung auf Dogmen, die eine Ausgeburt einseitigen Verstandesdenkens sind, bedingte allerdings, wie bereits angedeutet wurde, eine Intensivierung karmischer Entfremdungen. Die gemeinschaftsbildende Kraft liegt hier im gemeinsamen Glauben, in den gemeinsamen Überzeugungen und auch Werten. Wollen sich diese beiden, oft eng miteinander verbundenen sozialen Qualitäten im Sinne der Schwellensituation der Menschheit weiterentwickeln, dann muss die Bewusstseinsseele mit Hand anlegen.

Die Lebensluft oder, besser gesagt, die Lebensflamme des «Ich» sind Freiheit und Initiative. *Initiative* als innerste Ich-Dynamik des Sozialen ist das Zaubermittel, um alle möglichen Konflikte zu befrieden und um einer werdenden Gemeinschaft im Geiste der Bewusstseinsseele Lebensblut zuzuführen: in der Familie, in der Freundschaft, in der Ehe, im Beruf oder auf dem politischen Parkett.

Michael, der Erzengel der Sonne, ist der große Genius aller geistgegründeten Initiativen, ob im Denken oder Handeln.

In dem Kapitel über die Erlösung des Sündenfalls ist bereits einiges über den Zeitgeist Michael gesagt worden, und zwar in Bezug auf den Herbst im Zusammenhang mit dem Rhythmus der Jahreszeiten. Seine besondere Qualität kommt auch in zwei Sprüchen Steiners treffend zum Ausdruck, die gerade im Zusammenhang seines *Seelenkalenders* im Herbst angesiedelt sind:

Sich selbst erschaffend stets,
Wird Seelensein sich selbst gewahr;
Der Weltengeist, er strebet fort
In Selbsterkenntnis neu belebt.
Und schafft aus Seelenfinsternis
Des Selbstsinns Willensfrucht.

Sich selbst des Denkens Leuchten
Im Innern kraftvoll zu entfachen,
Erlebtes sinnvoll deutend
Aus Weltengeistes Kräftequell,
Ist mir nun Sommererbe,
Ist Herbstesruhe und auch Winterhoffnung.[117]

Als Zeitgeist obliegt ihm auch die Inspiration für alle zeitgemäßen Bestrebungen in Wissenschaft, Kunst, Religion und im Sozialen. Eine solche Universaltendenz hat er bereits in einer früheren Phase der Menschheitsgeschichte ausgeübt.

Steiner hat verschiedentlich von sieben Erzengeln gesprochen, welche gemäß ihrer planetarischen Natur unterschiedliche Geistimpulse in die Menschheit gleichsam einstrahlen lassen: Michael, Oriphiel, Anael, Zachariel, Raphael, Samael, Gabriel. Die Dauer ihrer Wirksamkeit umspannt im Wesentlichen 354 Jahre.[118]

Michaels letzte Wirkenszeit war in etwa zwischen 600 und 250 vor Christus. Eine Reihe von großen Individualitäten, von geistigen Führerpersönlichkeiten, wirkte in diesen Jahrhunderten im Sinne fortschreitender Bewusstseins-Entwicklung: Buddha und Kapila, der Philosoph des Sankhya-Systems in Indien, um nur zwei zu nennen. In China wirkten Laozi und Konfuzius. Im Iran König Kyros und der historische Zarathustra. In Griechenland erleuchtet Michael die Heraklits, die Platos, Aristoteles und viele andere Träger des neuen Gedankenlichts. Die Reihe kann lange fortgesetzt werden.

Und heute?

Gerne zitiere ich die Worte eines großen Zeitgenossen. Emil Bock schreibt im Zusammenhang mit Christus-Michael in der Gegenwart:

«Nach einem Christus-Mysterium wird schließlich auch da getastet, wo auf ein neues *Gemeinschaftserlebnis* Wert gelegt wird. Unser Zeitalter ist daran, die Magie der Gemeinschaft zu entdecken. Nicht mehr bloß bergender und stützender Schutz für den Einzelnen, sondern ein Mittel zu größeren Wirkungen soll die Gemeinschaft sein. Und es ist in der Tat jede wirkliche Gemeinschaftsbildung eine Art Geisterbeschwörung, weil dadurch eine Kraft entsteht, die größer ist als die Summe der Kräfte, die die Einzelnen besitzen. Die Zweischneidigkeit allerdings liegt auf der Hand, wenn eine Menschheit, die von Geistern nichts weiß und auch nichts wissen will, anfängt,

Geister zu beschwören. Von dieser Zweischneidigkeit haben wir in den Kräfteballungen unserer Zeit schon viel zu spüren bekommen.

Das Christus-Wort: ‹Wo zwei oder drei versammelt sind in meinem Namen, da bin ich mitten unter ihnen› erleuchtet und erfüllt, gerade wenn man es im Blick auf die ‹Wiederkunft Christi› versteht, eine wichtigste Gegenwartstendenz. Dies Wort enthüllt ja die höhere Vollmacht der Gemeinschaft gegenüber den Möglichkeiten, die der Einzelne besitzt. Dabei dringt es allerdings, indem es die niedrigen Zahlen ‹zwei und drei› nennt, mit stiller Energie auf die Echtheit und Substanz, die nie durch die großen Zahlen propagandistischer Statistik zu ersetzen ist.»[119]

Damit wird auch zum Ausdruck gebracht, dass die «zwei oder drei», wenn sie in seinem *Namen* versammelt sind, sich auf dem Weg zur Freiheit befinden, dass die Pfingstflammen der Liebe ihrem Ich innewohnen und dass sie bereit sind, eine Gemeinschaft des *Geistes* zu bilden. Darin wird die Bewusstseinsseele ihren Höhepunkt im Kreise ihrer älteren «Schwestern» erreichen.

Ich gehe so weit zu behaupten, dass *ausschließlich in der Ich-Du-Begegnung,* in der lemniskatischen Verwandlung dieser Ur-Polarität, ein weltweiter Frieden des gegenseitigen Verständnisses, der gegenseitigen Rücksicht, ja der gegenseitigen Liebe aufblühen kann. Das aber heißt, dass die lebendige Zelle eines neuen *Menschheitsorganismus* in sozial-geistiger Hinsicht im Hier und Jetzt und in jedem von uns ruht. Ob im Mikrosozialen oder auf der weltpolitischen Bühne.

Das ist dann die fortschreitende Einwohnung Christi in die gegenwärtige Menschheit, die selbstverständlich sich genau da ereignet, wo wir in Bezug auf unsere Seelenentwicklung individuell stehen, ob im Osten oder Westen, im Norden oder Süden.

Zu dem Kreuz überwundener Irrungen und Wirrungen werden sich dann Rosen zugesellen.

Anmerkungen und Hinweise

1 *Faust I.*, Nacht.

2 *Das Ereignis der Christus-Erscheinung in der ätherischen Welt*, GA 118. Alle Zitate aus dem Werk Rudolf Steiners folgen, wenn nichts anderes vermerkt, der im Rudolf Steiner Verlag Basel erscheinenden Gesamtausgabe.

3 *Aus der Akasha-Forschung. Das Fünfte Evangelium,* GA 148.

4 Siehe u.a.: *Wie erlangt man Erkenntnisse der höheren Welten?*, GA 10; *Die Philosophie der Freiheit*, GA 4, und *Die Geheimwissenschaft im Umriss*, GA 13.
Wesentliche Anregungen zum Thema dieses Buches verdanke ich auch Werken von Emil Bock, Rudolf Meyer und Sigismund von Gleich.

5 Rudolf Meyer: *Der Auferstandene und die Erdenzukunft*, Stuttgart 1953, S. 17.

6 Alexander Iwanow, 1805 – 1858: «Das Erscheinen des Christus vor dem Volk». Das Monumentalgemälde befindet sich in der Tretjakow-Galerie in Moskau.

7 Zum Inhaltlichen der Gesamtkomposition siehe S. O. Prokofieff in *Ewige Individualität – Zur karmischen Novalis-Biografie*, Dornach/Schweiz 1987, S. 295–304.

8 Siehe dazu Wilhelm Kelber: *Die Logoslehre – Von Heraklit bis Origenes*, Frankfurt a. M. 1986, S. 39 ff.

9 Siehe u.a. *Die Theosophie des Rosenkreuzes*, GA 99, Vortrag vom 6. Juni 1907.

10 Lk. 2, 41–52. Aus *Das Neue Testament* in der Übersetzung von Emil Bock, Stuttgart 1980. Alle folgenden Zitate aus dem Neuen Testament sind diesem Text entnommen.

11 Joh. 8, 21–59.

12 Vortrag vom 4. Oktober 1913, GA 148.

13 A.a.O.

14 Apok. 21, 1–11.

15 Vortrag vom 18. November 1913, GA 148.
16 Vortrag vom 5. Oktober 1913, GA 148.
17 Ich folge hier Hermann Bauer: *Über die lemniskatischen Planetenbewegungen – Elemente einer Himmelsorganik*, Stuttgart 1988, S. 9–20.
18 A.a.O.
19 Hebr. 1, 5. Siehe auch Rudolf Meyer: *Die Wiedergewinnung des Johannesevangeliums*, Stuttgart 1962, S. 15.
20 Mt. 3, 15.
21 Mk. 1, 10.
22 Rudolf Steiner, Vortrag vom 6. Januar 1914, GA 148.
23 Mt. 4, 11 und auch, etwas umgewandelt, Mk. 1, 13.
24 Mt. 11, 12.
25 Rudolf Steiner, Vortrag vom 21. Oktober 1913, GA 148.
26 Siehe Anm. 2.
27 Joh. 21, 25.
28 Emil Bock hat u.a. in seinem siebenbändigen Werk zur Geistesgeschichte der Menschheit (Stuttgart 2009) eine Fülle von Erkenntnissen und Anregungen vermittelt, das Mysterium von Golgatha von seinen Wurzeln im Alten Testament bis zur Wirksamkeit des Apostels Paulus innerlich zu verfolgen. In dem Band *Urchristentum – Die drei Jahre* entfaltet er ein großes und lichtes Panorama jener Geschehnisse, das auch die in diesem Kapitel behandelte Thematik in größerem Umfange berücksichtigt. Es sei besonders auf das 4. Kapitel «Stufen der Menschwerdung» hingewiesen.
29 In *Peri Archon*, zitiert nach Robert Spörri in: *Vom Geiste des Urchristentums*, Basel 1941, S. 104 f. Siehe auch Lothar Lies: *Origenes' Peri Archon – eine urdogmatische Dogmatik*, Darmstadt 1992, S. 36 f.
30 Robert Spörri, Anm. 29, S. 106.
31 Mt. 14, 23–33.
32 Siehe zu diesem Ereignis auch des Verfassers *Wer ist der Gral?*, Dornach/Schweiz 2006, S. 33 f.
33 Lk. 9, 28–36.
34 *Urchristentum – Die drei Jahre*, S. 357, siehe Anm. 28.
35 Mt. 3, 11–12, siehe auch Mk. 1–8 und Lk. 3–16 und Joh. 1–27.
36 Apg. 1, 4–12.
37 A.a.O. 2, 1–4.

38 Vortrag vom 11. April 1909 in *Das Prinzip der spirituellen Ökonomie im Zusammenhang mit Wiederverkörperungsfragen*, GA 109. – Siehe auch das bedeutende Werk von Corinna Gleide: *Die Geburt der geistigen Sonne – Meditative Wege und Erfahrungen*, Stuttgart 2018. In diesem Buch ist eine Fülle von Gesichtspunkten und Anregungen enthalten, welche u.a. gewisse Aspekte der hier behandelten Thematik ergänzen und erweitern.
39 Vortrag vom 30. Juni 1908 in *Die Apokalypse des Johannes*, GA 104.
40 Apok. 21.
41 Joh. 14, 6.
42 Apok. 1, 9.–20.
43 Mt. 28, 18.
44 1. Kor. 13, 12.
45 Apg. 9, 1–9.
46 A.a.O. 9, 22.
47 Gal. 1, 13–18. Hier erzählt Paulus, dass er sich gleich danach für etwa drei Jahre nach Arabien zurückzog. Bei Lukas gewinnt man den Eindruck, dass Paulus' Wirksamkeit sofort beginnt.
48 Mt. 22, 1–14.
49 Siehe Anm. 24.
50 Joh. 19, 29–35.
51 Goethe: *Schriften über die Natur – Farbenlehre: Sinnlich-sittliche Wirkung*.
52 *Faust II*, 1. Akt, Anmutige Gegend.
53 *Faust I*, Studierzimmer.
54 Siehe hierzu auch Fred Poeppig: *Ursymbole der Menschheit – unter besonderer Berücksichtigung der Rosenkreuzersymbolik*, Freiburg i. Br. 1972, S. 55–56.
55 GA 13.
56 Abgedruckt in des Verfassers *Lebenskunst als Lebenskraft*, Stuttgart [2]2008, S. 118.
57 Siehe Anm. 55, Kapitel über «Gegenwart und Zukunft der Welt- und Menschheitsentwickelung».
58 Siehe Vortrag vom 22. Mai 1907 in *Die Theosophie des Rosenkreuzes*, GA 99.
59 Siehe Anm. 55, Kapitel über «Die Erkenntnis der höheren Welten – Von der Einweihung der Initiation».

60 *Die Geheimnisse – Ein Fragment.*

61 Joh. 15, 4–6.

62 Siehe hierzu des Verfassers *Erkenntnis und Tat. Auf dem Weg der sieben Intelligenzen*, Stuttgart 2014.

63 Die tief christliche Gesinnung von Goethe wird sehr schön in dem Buch von Rudolf Meyer *Goethe der Heide und der Christ* herausgearbeitet. Stuttgart [3]1999.

64 *Die Prüfung der Seele*, I. Bild, GA 14.

65 Über *Goethe und die Rosenkreuzer* siehe auch die hochinteressante Arbeit von Frank Teichmann in dem gleichnamigen Buch. Stuttgart 2007.

66 Siehe Anm. 60.

67 Röm. 8, 18–12.

68 Siehe Anm. 55 «Gegenwart und Zukunft der Welt- und Menschheitsentwickelung».

69 1. Mose, 1, 26–27.

70 A.a.O. 1, 3.

71 A.a.O. 2, 7.

72 A.a.O. 2, 18–24.

73 A.a.O. 3, 22–24.

74 A.a.O. 4, 1.

75 Vortrag vom 5. September 1924, GA 282.

76 1. Mose, 11, 1–4.

77 A.a.O. 7.

78 Besonders in GA 223 und 229. Auch der *Seelenkalender* enthält wirksame Meditationen, um «große Geheimnisse des Daseins» zu erleben (aus dem Vorwort zur ersten Ausgabe), GA 40.

79 Siehe auch Oskar Kürten: *Der Sonnengeist Christus in der Darstellung Rudolf Steiners*, Basel 1967, und *Aus Widars Wirken – Wegbereitung einer Zukunftskultur*, hrsg. von Steffen Hartmann, Anton Kimpfler und Torben Maiwald, Hamburg 2014.

80 Kol. 2, 9.

81 Apg. 2, 1–13.

82 Margarita Woloschin: *Die grüne Schlange – Lebenserinnerungen*, Stuttgart 2009, erweiterte Neuausgabe, S. 329.

83 Zitiert nach Gerhard Wehr: *Martin Buber*, Reinbek bei Hamburg 1992, S. 82.

84 1. Mose, 4, 1–4.
85 Siehe Anm. 78, GA 40, Sprüche 9, 10, 11.
86 1. Mose, 3, 1–24.
87 Vortrag vom 21. August 1924 in GA 240.
88 Vortrag vom 1. August 1924 in GA 237.
89 Apk. 12, 7–9.
90 *Anthroposophische Leitsätze:* «Der vor-michaelische und der Michaels-Weg», GA 26.
91 Siehe hierzu u.a. den Vortrag vom 8. August 1924, GA 237.
92 Siehe Anm. 72.
93 GA 11.
94 Joh. 15, 26.
95 Joh. 4, 7–14.
96 A.a.O. 7, 37–39.
97 GA 59. Mehr darüber zu zitieren würde den hier gegebenen Rahmen sprengen. Man möge den Vortrag als Ganzes lesen.
98 *Theosophie. Einführung in übersinnliche Welterkenntnis und Menschenbestimmung*, Kap. «Das Wesen des Menschen», GA 9.
99 1. Mose, 28, 12–13.
100 Zitiert nach Emil Bock: *Urgeschichte – Das Alte Testament und die Geistesgeschichte der Menschheit I*, Stuttgart 2009, Studienausgabe, S. 47.
101 Siehe Anm. 25.
102 Vortrag vom 8. August 1924, GA 237.
103 Siehe die erhellende Studie über den «Christus-Impuls» in Sigismund von Gleich: *Die Inspirationsquellen der Anthroposophie*, Stuttgart ^{2}1981.
104 *Die Prüfung der Seele*, 6. – 9. Bild, GA 14.
105 Aus dem 6. Buch, «Die Tafelrunde». Die zitierten Textpassagen sind der Übertragung von Wilhelm Hertz entnommen. Essen und Stuttgart ^{2}1985.
106 Siehe auch «Sagst du das aus dir heraus? Auf dem Weg zu einer hörenden Gesellschaft», in Johannes Greiner: *Es ist alles ganz anders. Beiträge zur Aktualität der Anthroposophie*, Hamburg 2015.
107 Siehe das Kapitel «Die Idee der Freiheit», GA 4.
108 A.a.O., Kapitel «Die moralische Fantasie – Darwinismus und Sittlichkeit».

109 Siehe Anm. 107.

110 Siehe Anm. 104, I. Bild.

111 GA 9, «Der Geist im Geisterland nach dem Tod».

112 9. Bild, GA 14.

113 Vortrag vom 2. Mai 1924 in GA 270/II. Zu diesem Thema siehe auch drei bedeutende Essays von Sigismund von Gleich in den Nummern 22, 23 und 26 der *Mitteilungen aus der anthroposophischen Arbeit in Deutschland*, Stuttgart 1952, 1953.

114 Siehe Anm. 111.

115 *Theosophie*, GA 9, «Leib, Seele und Geist».

116 *Die Geheimnisse der Schwelle*, zweiter Vortrag, GA 147. Siehe dazu auch C. und R. Gleide: *Die neue Leuchtkraft der Erde. Anthroposophie und die Wiederkunft des Christus im Ätherischen*. Stuttgart 2012, S. 117 f.

117 GA 40, Sprüche 24, 29.

118 U.a. in *Das Geheimnis des Todes – Wesen und Bedeutung Mitteleuropas und die europäischen Volksgeister*, Vortrag vom 13. Mai 1915, GA 159.

119 *Im michaelischen Zeitalter*, Stuttgart 1979, S. 32–33.

Bildnachweis

Farbtafel I: Alexander Andrejewitsch Iwanow, *Die Offenbarung des Christus gegenüber den Menschen* (Öl auf Leinwand, 1837–1857) illustriert Matthäus 3:13. Tretjakow-Galerie, Moskau. © Bridgeman Images

Farbtafel II: Matthias Grünewald, *Isenheimer Altar* (1512–1516): *Kreuzzigungsszene mit Johannes dem Täufer*. Musée Unterlinden.

Farbtafel III: Michelangelo Buonarroti, *Die Erschaffung Adams*. Fresko der *Sixtinischen Kapelle* (1508–1512). Foto: Servizio fotografico Musei Vaticani.

Farbtafel IV: Rotes Westfenster des Goetheanums. Glasradierung nach einem Entwurf von Rudolf Steiner. © Raffael Verlag.